我的青春世界
——中职生青春健康教育

主　编　王美丽　崔明敏

副主编　段芳艳　洪张舟　金　波

参　编　谈　莹　董　璐　许佳琪　顾琴芳
　　　　万　莉　田　华　王秀珍　吴连君
　　　　强丽君　邢晋凌　郑庆玲　朱卓霞
　　　　漏亚芳　余静学　陆　婷　陈　健

北京理工大学出版社
BEIJING INSTITUTE OF TECHNOLOGY PRESS

版权专有　侵权必究

图书在版编目（CIP）数据

我的青春世界：中职生青春健康教育 / 王美丽, 崔明敏主编. -- 北京：北京理工大学出版社, 2021.7
ISBN 978-7-5682-9995-4

Ⅰ.①我… Ⅱ.①王… ②崔… Ⅲ.①青春期－健康教育－中等专业学校－教材 Ⅳ.①G479

中国版本图书馆CIP数据核字（2021）第133544号

出版发行 / 北京理工大学出版社有限责任公司	
社　　址 / 北京市海淀区中关村南大街5号	
邮　　编 / 100081	
电　　话 /（010）68914775（总编室）	
（010）82562903（教材售后服务热线）	
（010）68944723（其他图书服务热线）	
网　　址 / http://www.bitpress.com.cn	
经　　销 / 全国各地新华书店	
印　　刷 / 定州市新华印刷有限公司	
开　　本 / 889毫米×1194毫米　1/16	
印　　张 / 13	责任编辑 / 王梦春
字　　数 / 238千字	文案编辑 / 代义国
版　　次 / 2021年7月第1版　2021年7月第1次印刷	责任校对 / 周瑞红
定　　价 / 40.00元	责任印制 / 边心超

图书出现印装质量问题，请拨打售后服务热线，本社负责调换

本书说明

《我的青春世界——中职生青春健康教育》是一本专门为落实"健康中国行动"之中小学健康促进行动，实现中职学生生长发育与青春期保健健康教育目标而编写的教材。

本书旨在帮助中职学生，获得科学的关于生命、生长发育和青春期保健等方面的知识，练习应对各种挑战的人生技能，增强健康安全意识，学会做出健康、安全、负责任的选择和决定，为自己的幸福人生做好充分准备。

本书突破以往教材的讲授形式，考虑广大中职生信息化时代的成长背景，采用游戏闯关模式，使学生能在参与体验、交流互动活动中完成学习任务，满足他们想要获得荣耀、目标实现、人际互动、享受惊喜的心理需求，让学生在游戏中健康快乐地学习成长。

| 闯关任务书 | 闯关导引图 | 闯关活动要求 | 闯关分步引导 | 闯关补血 | 闯关财富 | 闯关奖励感谢 | 闯关经验交流 | 闯关经典留言 |

游戏闯关环节

本书以一群中职生的青春故事为主线，以他们在尝试独立的过程中，因身心快速成长及性的成熟而带来的困惑为成长任务，邀请读者以游戏闯关的形式，帮助故事中的主人公完成挑战任务，获得健康生活、责任担当的品格和能力。

阅读青春故事 → 查看成长问题 → 参与体验交流分享 → 查阅闯关攻略 → 探究科学知识技能 → 交流学习收获感想

游戏闯关玩法

《我的青春世界》人物角色

角色	名字	图示	简介
男主人公	秦纯		一位性格活泼开朗,很有幽默感,独立自信、有能力、积极乐观、乐于助人的阳光男生
女主人公	婕嫌		一位善解人意、有耐心、乐于助人的善良女生
婕嫌好友	皎钰		和婕嫌是一对无话不说的好闺蜜。长得漂亮,很多男生都喜欢她,有典型的"公主病"
秦纯好友	辰璋		一位多愁善感的男生,言语柔细,心思细腻,平时很少参加男生活动,他更加擅长艺术创作,因个人所散发的所谓"女性特质",常常被同学嘲笑为"娘娘腔""宝玉哥",因此他感到非常苦恼。后来,因同学诱惑,不小心沾染上毒品,受到毒品的困扰
秦纯同学	艾亦		曾和同学辰璋关系密切,喜欢在一起谈论艺术创作,偶尔写点诗歌,因此受到同学的议论,非常苦恼
婕嫌同学	紫贝		性格内向,平时穿着普通,生活节俭,有时会受到同学的挑刺和嫌弃。就读中职学校后参加集体活动,结果不理想,觉得做什么事情都不成功。她感觉非常有压力,疏远同学,平时和同学交往较少,整日独来独往。她感觉很孤单、内心渴望交朋友,很苦恼
皎钰同学	巴霖		喜欢皎钰,当得知皎钰因紫贝而受委屈时,通过各种方式欺侮紫贝,最后为自己的行为付出代价
班主任	史子		被班级学生称为知心大姐姐,是同学们的良师益友
人物关系			1. 秦纯和婕嫌是关系非常好的异性朋友。在相处过程中,遭遇了性骚扰、性侵害等问题的挑战 2. 辰璋和秦纯是好友,是从小一起长大的玩伴 3. 婕嫌和皎钰是一对无话不说的闺蜜 4. 艾亦和辰璋开始时关系密切,但由于被同学议论和误解,辰璋刻意疏远艾亦 5. 辰璋和皎钰因秦纯和婕嫌的关系相互认识,辰璋表达对皎钰的喜欢,两个人关系密切,但因相处中爱的表达方式出现问题,导致最后分手 6. 皎钰和辰璋分手后,喜欢上艾亦,艾亦也喜欢皎钰,两人恋爱了。他们相处过程中遇到了爱情与性的困惑。两个人经过深思熟虑,决定暂时不发生婚前性行为。但相处一段时间后,在单独外出时,由于性冲动,发生了一次性行为,导致意外怀孕,给两个人的生活带来非常大的困难和挑战

创造《我的青春世界》攻略图

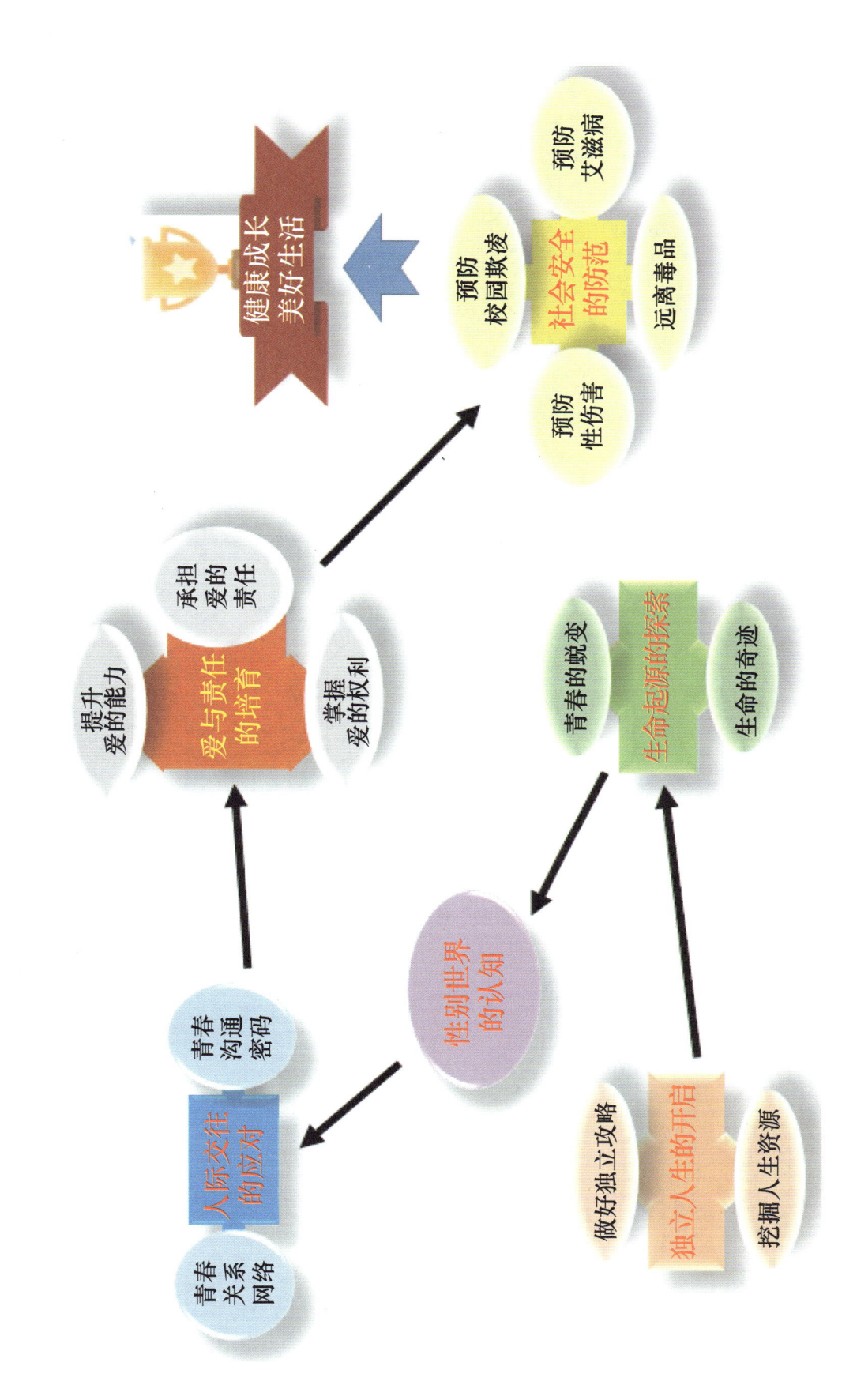

健康成长 美好生活

社会安全的防范
- 预防校园欺凌
- 预防艾滋病
- 远离毒品
- 预防性伤害

爱与责任的培育
- 承担爱的责任
- 提升爱的能力
- 掌握爱的权利

生命起源的探索
- 青春的蜕变
- 生命的奇迹

性别世界的认知

人际交往的应对
- 青春沟通密码
- 青春关系网络

独立人生的开启
- 做好独立攻略
- 挖掘人生资源

主题奖章

主题三	主题六
主题二	主题五
主题一	主题四

Preface 前言

中职生青春健康教育是根据教育部 2008 年制定《中小学健康教育指导纲要》提出的健康教育工作要求，依照高中阶段教育目标和内容开展的健康教育活动，旨在帮助中职生掌握青春健康知识、提升青春健康技能、形成青春健康意识、建立青春健康行为和生活方式，促进中职生健康成长。

本书的核心内容是青春期健康教育，以处在青春期阶段中职生身心健康发展需求为目标，以生命、爱和自我保护为主题，以受广大青少年喜欢的游戏闯关模式为载体，以游戏攻略升级为任务，同学们通过参与式体验活动，探究身心健康发展的现象和规律，提高应对各种困难挑战的人生技能，学会做出健康的、安全的、负责任的选择和决定，为今后独立生存和幸福生活奠定基础。

本书以中国计生协《成长之道》和《沟通之道》青春健康教育内容为基础编写而成，共分为六个主题，每个主题对应一个青春世界空间。主题一"独立人生的开启"为开启独立人生赋能。主题二"生命起源的探索"探索新生命的孕育和诞生，感受生命的神奇和珍贵，懂得珍爱生命。主题三"性别世界的认知"探索拓宽学生性别的认知。主题四"人际交往的应对"探索提升中职生社会关系中的人际交往技能。主题五"爱与责任的培育"探索学习中职生情窦初开所需的爱与被爱的技能。主题六"社交安全的防范"探索学习有效应对危害身心健康、危及生命事件发生的方法和策略。

本书由全国各地长期从事青少年青春健康教育的优秀教师共同编写完成。其中以浙江省的青春健康教育教师团队为主力，由王美丽、崔明敏担任主编，段芳艳、洪张舟、金波担任副主编。主题一由崔明敏、谈莹、董璐编写，主题二由许佳琪、顾琴芳、崔明敏编写，主题三由洪张舟编写，主题四由段芳艳、万莉、田华编写，主题五由王秀珍、吴连君、强丽君、邢晋凌、郑庆玲、崔明敏编写，主题六由吴连君、朱卓霞、漏亚芳、洪张舟编写，余静学、陆婷、陈健等参编，全书由崔明敏统稿。本书邀请国家级青春健康培训师、晓敏青春说创始人诸晓敏老师担任指导顾问，还得到了多位国家级青春健康教育专家的指导，在此表示由衷感谢。同时感谢德清职业中专徐燕超、杨慧兰、何晓燕、陈佳怡同学为本书设计和绘制插图。本书凝结着编写团队的心血，是智慧的结晶。

本书学习内容以故事任务闯关的形式呈现，通过参与式体验游戏方式完成，形式新颖、趣味性强，有时代感和创新性，符合中职生心理特征和健康成长需求。

由于编者水平有限，编写时间仓促，书中尚存在疏漏和不妥之处，敬请各位专家、老师和同学提出宝贵意见。

编　者

给中职同学的一封信

亲爱的同学：

你好！非常高兴我们以书为媒结缘相识。

恭喜你完成了初中阶段的学习成长，欢迎你来到中职学校的校园。不管你是因为喜欢而做出的选择，还是因为无奈才做出的选择，请相信你已经进入了一个不一样的生活空间，在这里，你可以通过自己的努力创造你想要的世界。相信的理由是，你正处在人生中最富幻想和憧憬的美好青春蜕变期，拥有精力充沛、活力四射、魅力无限等优势资源。

感谢你让我们联想起像你这么大时的自己，在创造"我的青春世界"时所经历的许多宝贵的故事，故事里既有对未来生活的畅想、对友情友谊的珍惜、对完美爱情的憧憬、对生命意义的探寻，又有很多不知所措的迷茫、令人不解的苦恼、阴晴不定的情绪、压力带来的焦虑感。当经过岁月洗礼之后，现在的我们最想要对青春的我们说的话是"谢谢！因为有你努力创造青春世界的过程，让我体会到我是自己人生的主人，让我渐渐明白曾经努力付出的经历都是我人生的财富和资本，积累的经验和智慧带给处在困境中的我许多继续前行的力量和信心"。

在创造自己的青春世界的过程中，你可能会遇到许多青春的困惑和挑战，比如，好奇"人是怎么来到这个世界上的？如何面对和应对身心快速发展变化带给自己的影响？怎样获得好的人际关系？令人向往的爱情到底为何物？人际社交中怎样才能更有效地保护自身安全……"如果你正在为这些问题而感到困惑、苦恼、迷茫，请让《我的青春世界——中职生青春健康教育》这本书成为陪伴你的朋友。它将带给你一些关于"生命、爱、自我保护"的探索体验活动，帮你打开新的人生思维空间，丰富你的人生阅历，提升你的人生技能。我们希望这本书能带给你更多能量和信心，勇敢地面对和应对各种青春的挑战，智慧地做出健康的、安全的、负责任的决定，拥有健康青春，为一生幸福生活奠定基础、做好准备。

　　感谢你耐心地读完这封信！我们相信你在使用本书的过程中，一定会有许多宝贵的想法和建议，欢迎你及时提出，帮助我们更好地完善。祝福你健康快乐成长！

编　者

Contents 目录

主题一　独立人生的开启
　　任务一　挖掘人生资源　　　　2
　　任务二　做好独立攻略　　　　12

主题二　生命起源的探索
　　任务三　生命的奇迹　　　　22
　　任务四　青春的蜕变　　　　33

主题三　性别世界的认知
　　任务五　多彩的世界　　　　49

主题四　人际交往的应对
　　任务六　青春关系网络　　　　57
　　任务七　青春沟通密码　　　　73

主题五　爱与责任的培育
　　任务八　提升爱的能力　　　　90
　　任务九　掌控爱的权利　　　　114
　　任务十　承担爱的责任　　　　134

主题六　社交安全的防范

任务十一	预防性伤害	147
任务十二	预防艾滋病	163
任务十三	远离毒品	173
任务十四	预防校园欺凌	187

参考文献　　　　　196

独立人生的开启

主题一

亲爱的同学，你好！"世界在你手中"，欢迎你加入"我的青春世界"创造之旅，享受当创造神的乐趣。创造"我的青春世界"，生命是基础，自我探索和人际交互是重点，成长体验是目的。

"独立人生的开启"为创造青春世界拉开序幕，为此，你需要完成 2 个成长任务（图 1-1），挖掘资源并做好攻略。每个成长任务里设定了具体的体验闯关活动，你可以使用自己的智慧和能力或借助"闯关攻略"补血和积累财富来完成闯关任务，成功后可拿到通关卡。当你逐级闯关并成功获得 2 级通关卡之后，将获得"独立"纪念章，以此来见证你已经成功开启"独立人生"。

图 1-1 "独立人生的开启"成长任务

任务一　　挖掘人生资源

本任务设置了 2 个闯关活动，欢迎你来闯关！预祝你闯关成功哦！

活动 1　厘清人脉资源

闯关任务书

秦纯和婕嫌都是中职新生，中职学校对他们而言是一个全新的世界。他们的内心充满好奇和憧憬，通过自己的努力想在这里创造属于自己的世界。但是，他们对于"想创造什么样的世界""怎么创造"非常迷茫，不知所措。他们独自闯过此关有困难，需要你的帮助。

"厘清人脉资源"闯关目标如图 1-2 所示。

绘制人际关系图　使用人际关系图

图 1-2　"厘清人脉资源"闯关目标

【闯关活动 1】请你帮助秦纯和婕嫌来想一想，哪些人可以为他们提供帮助？

第 1 步：请写下当你在生活中遇到困难和挑战时，能够给你提供帮助的人的名字，并说明此人与你的关系。

_____

_____

第 2 步：请你和身边的小伙伴相互讨论，并补充可以给你提供帮助的人，然后根据关系的亲密程度画出自己的人际关系图（图 1-3），给秦纯和婕嫌做个示范。

自己 _____

家人 _____

朋友、同学 _____

班主任、任课老师、
指导老师 _____

_____

图 1-3　人际关系图

第 3 步：请你和身边的小伙伴分享你绘制的人际关系图，相互交流和欣赏。

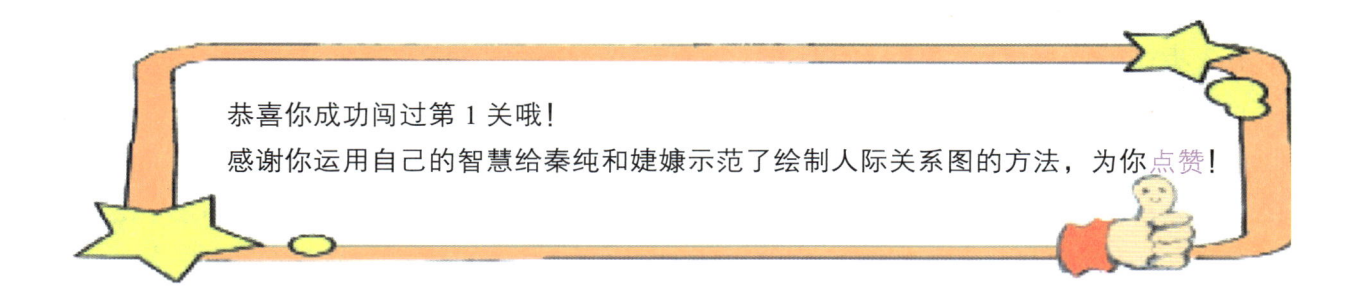

恭喜你成功闯过第 1 关哦！
感谢你运用自己的智慧给秦纯和婕嫌示范了绘制人际关系图的方法，为你点赞！

【闯关活动 2】人际关系图可以更好地帮助一个人整合自己的社会资源并帮助解决问题。请你给秦纯和婕嫌示范一下：如何使用人际关系图来帮助解决问题？

第 1 步：请你想象一个自己当下特别想要解决的问题，并简单描述一下。

_____

_____

_____

第 2 步：请你拿出自己的人际关系图，想象自己和图中的每个人沟通这个问题时，觉察自己的舒适程度，将感觉舒服的人罗列在笑脸处，将感觉不舒服的人罗列在哭脸处，然后从笑脸处选择能给自己提供帮助的人（图 1-4）。

图 1-4　人际关系罗列

第 3 步：请你找一位相互信任的伙伴，按照下面的提示，相互分享一下使用人际关系图的过程。

> 我想要解决的问题是（　　　　　　　　），对照我的人际关系图，想象我和图中每个人去沟通这个问题，我感觉和（　　　）沟通时较有舒适感。根据舒适感程度不同，我觉得（　　　）能够给我提供帮助，所以我现在打算请他来帮助我解决这个问题。

第 4 步：如果想要对人际关系图有更多了解，请跳转至本书第 6 页，打开【闯关攻略 1-1-1】去补血和积累财富。然后，再和小组伙伴相互分享：怎么通过人际关系图厘清自己的人脉资源？

谢谢你的榜样示范，长见识啦！
恭喜你通过自己的智慧和努力连续闯过 2 关，顺利通过活动 1 "厘清人脉资源"，成功进阶。
祝贺你成功获得通关卡！

主题一　独立人生的开启

闯关交流群

亲爱的同学，当你成功"厘清人脉资源"后，相信你一定有许多收获和宝贵的想法，现在邀请你进入"闯关交流群"，和小伙伴们一起分享吧！

置顶留言

1. 人生中会遇到许多形形色色的挑战，这是很正常的。当我们力所能及时，会勇敢独自渡过难关，但当我们自身力量和资源不足时，要懂得向身边人寻求帮助。

2. 人际关系图中包括家人、朋友、专业人士，它能够帮助我们整合自己的社会资源，在需要时能够给我们提供必要的支持和帮助。

亲爱的同学，现在你可以凭借活动1通关卡，带着图1-5中积累的血量和财富，信心满满地进入活动2"探寻内在资源"吧！

- 我补充的血量有：

- 我获得的财富有：

- 我的新想法是：

图1-5　积累的血量和财富

5

【闯关攻略 1-1-1】人际关系图

闯关补血站

补血一：人际关系图

人际关系图，就是在群体中，把成员彼此之间的关系用图形的方式直观地表示出来。这样做可以帮助一个人更好地整合自己的社会资源，在遇到困难和挑战时，能够找到并获得所需要的帮助和支持。

闯关财富库

故事：秦纯的表哥以优秀毕业生的身份回校给学弟学妹们介绍自己的成才经验。他说自己刚来到中职学校时，要适应新的学习环境，加强专业课程学习，但由于自身学习基础弱，这让他感到迷茫和不知所措。他觉得仅靠自己很难应对，于是他通过绘制并使用人际关系图，最后选择向哥哥的同学，以及跟他读相同专业的学长们寻求支持和帮助。他们带着他熟悉环境，辅导专业课，最终帮助他成功解决困难。他借助他人的力量成就了现在的事业，他的成功经验是"懂得向身边人求助"。

补血二：使用人际关系图

当遇到困难和挑战时，拿出自己的人际关系图，想象自己和图中的每个人沟通问题时，觉察自己的舒适程度。然后，筛选出沟通时可能会让自己有舒适感的人，并根据舒适感的分数高低，从中选出能够为自己提供帮助解决问题的人（图1-6）。

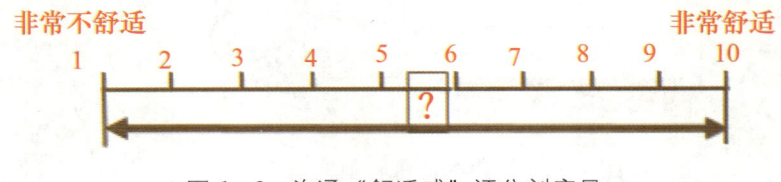

图1-6 沟通"舒适感"评分刻度尺

主题一 独立人生的开启

闯关财富库

故事：婕嫌在平时生活中，会刻意地觉察自己人际关系的状态。当她不能通过假想确定自己在和他人沟通问题感到舒适还是紧张时，她都会尝试找秦纯做情境模拟练习，他们从谈论非情绪相关的话题（如趣事逸闻）开始，然后谈时间、地点、事件、人物，避免谈个人的情绪和观点，接着谈论对于发生在过去或者未来某件事（如梦想）的想法和感觉，最后再尝试分享自己对当下困难问题的想法、感觉和需求。她在反复练习中慢慢找到了人际关系感觉。

活动2　探寻内在资源

闯关任务书

秦纯和婕嫌通过人际关系图选择中职学校新班主任史子，请她提供支持和帮助。史子老师充分肯定了他们的想法，并分享自己的成长经验：想要创造自己的世界，先通过成功经验了解自己优势和资源，获得能量，建立自信。但秦纯和婕嫌觉得自己学业不理想，没有什么成功经验和优势，不知从哪里开始探寻。

"探寻内在资源"闯关目标如图1-7所示。

重整优势资源箱
列出成功经验清单

图1-7　"探寻内在资源"闯关目标

【闯关活动1】请你依据下面的提示给秦纯和婕嫌做个榜样示范，教她们如何找到自己的成功经验。

第1步：请你轻轻地闭上眼睛，做三个深呼吸放松自己，然后回想自己过去的成功经历，如学骑自行车、学会乐器、学会烧一道菜、运动场上获得名次……越多越好。

第2步：请你轻轻地睁开眼睛，把自己回想到的成功经验记录在表1-1中。

表 1-1　我的成功经验清单

我的成功经验清单	
1.	11.
2.	12.
3.	13.
4.	14.
5.	15.
6.	16.
7.	17.
8.	18.
9.	19.
10.	20.

第3步：请你找其他小伙伴相互分享成功经验，然后相互借鉴，补充完成自己20个成功经验清单。

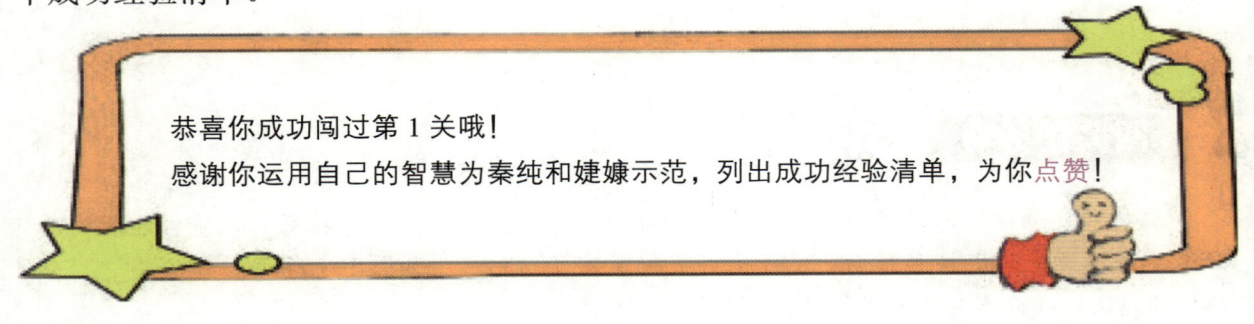

恭喜你成功闯过第1关哦！
感谢你运用自己的智慧为秦纯和婕嫌示范，列出成功经验清单，为你点赞！

【闯关活动2】成功经验中蕴含许多宝贵的内在优势和资源，请你再接再厉，继续给秦纯和婕嫌做示范，从列出的成功经验中探寻内在的优势和资源，并根据自己的需要，按"有用"和"无用"重新整理。

第1步：请你随机寻找一位小伙伴组成二人团队，在彼此的清单里选择一个自己感兴趣的成功经验，请教对方当时是怎么做到的，从伙伴的回答中注意听"优势和资源"，等伙伴说完后，告诉伙伴；还要听伙伴对自己的反馈，做好自己的优势和资源记录。然后换伙伴重新组队，重复以上步骤。建议至少找3位小伙伴。

资源列举：青春、精力旺盛、勇敢、努力、用心、坚持、耐心、见多识广、毅力强、自信、讲信誉、重情谊、兴趣广泛、有活力、朋友帮助、家人支持……

主题一 独立人生的开启

第 2 步：请你根据自己创造青春世界的实际需要，重新整理自己的优势资源，填入下面的"优势资源箱"（图 1-8），说说自己选择的依据。

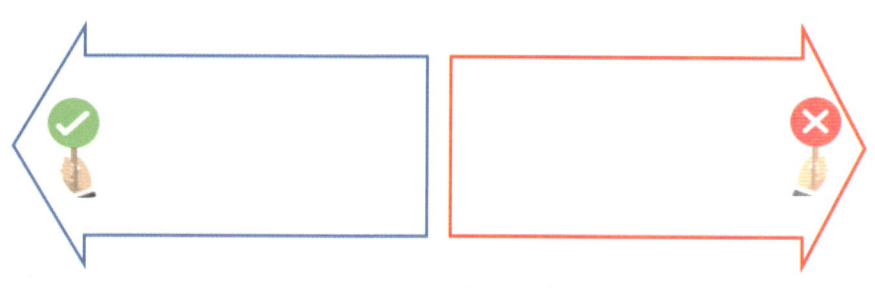

图 1-8 优势资源箱

第 3 步：如果想要对 探寻内在资源 有更多的了解和探究，请跳转至本书第 10 页，打开【闯关攻略 1-1-2】去补血和积累财富。请和伙伴们一起交流，除了在自己成功经验探寻自己的优势资源外，还可以通过哪些途径方法获得更多的优势资源？

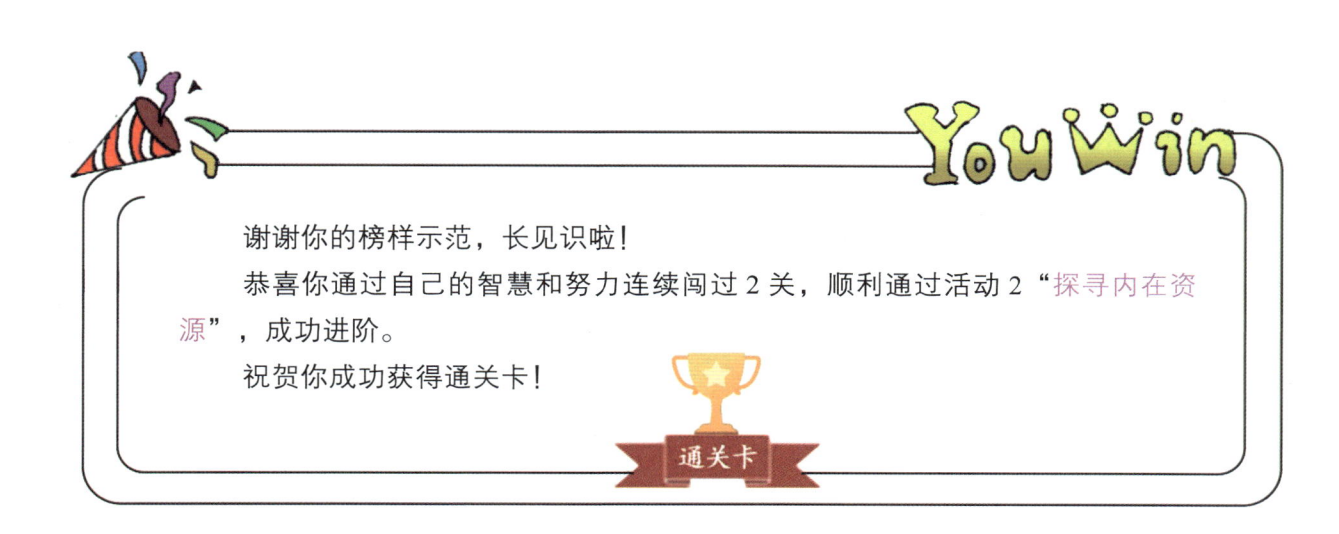

谢谢你的榜样示范，长见识啦！

恭喜你通过自己的智慧和努力连续闯过 2 关，顺利通过活动 2 "探寻内在资源"，成功进阶。

祝贺你成功获得通关卡！

闯关交流群

亲爱的同学，当你在 "探寻内在资源" 过程中闯关成功后，相信你一定有许多收获和宝贵的想法，现在邀请你进入 "闯关交流群"，和小伙伴们一起分享吧！

9

置顶留言

1. 世界上的每个人都是独一无二的，自身就是无价之宝，优势和资源也各不相同，需要我们用心觉察、耐心探寻。

2. 人生所有的经历和经验都是生命宝贵的资源，蕴含着智慧和能量，能带给困境中的人们继续前行的力量和信心。

3. 生活中许多事情都有例外，也有许多被我们忽视的小小成功经验，它们是帮助我们解决问题的重要信息，我们要懂得用放大镜去耐心探寻。

亲爱的同学，现在你可以凭借任务一的2张通关卡，带着图1-9中积累的血量和财富，信心满满地进入任务二"做好独立攻略"闯关活动！

■ 我补充的血量有：

■ 我获得的财富有：

■ 我的新想法是：

图1-9　积累的血量和财富

【闯关攻略1-1-2】　探寻内在资源

闯关补血站

补血一：优势 & 优点

● 优势是比对方有利的形势，泛指处于较有利的形势或环境，或在某些方面超过同类的形势。优势是相对而言的，常常与优点相关联。

主题一 独立人生的开启

● 优点指的是人的长处、好的地方。形容优点的词汇有很多，如勤奋、努力、用心、责任心强、有正义感、善解人意、坚强、有毅力、活泼、开朗、爱国、拼搏、自信、高尚、有活力、有干劲、善良、有才华、帅气、漂亮、可爱、细致、耐心、热情、认真、真诚、独立、自律、兴趣广泛、见多识广、勇敢、坦率……

闯天财富库

故事：婕嫌的小叔是一家餐饮店的老板，他告诉婕嫌，他也是中职学校烹饪专业毕业生。由于初中学习成绩不理想，前途很渺茫。后来，到中职学校就读烹饪专业后，老师发现他能用蔬菜雕刻出各种各样的造型，夸他心灵手巧，这样让他感到非常开心。同学们经常向他请教问题，他很耐心回答，同学们都喜欢和他做朋友。身边人发现他有许多优点，比如勤快、好学、脾气好、有耐心等。他也开始注意自己身边发生的事，并跟他人相互分享。大家夸他有一双善于发现优点的眼睛，人也变得越来越自信。毕业后，他凭借自己内在的优势和良好的人际关系，成就了现在的自己。

补血二：资源

资源是指生产资料或生活资料的天然来源。

个人资源是在人生经历中不断积累的（图1-10）。

图1-10 个人资源构成图

闯天财富库

故事：秦纯的班主任史子在学校里是一位令人尊敬的优秀教师，取得过许多成就，也获得过许多荣誉。秦纯好奇地问老师是怎么做到的。史老师告诉他说：做事前，先要想好要做什么事，然后寻找自己的资源，比如年龄优势、身体健康、时间充沛、心态平和、坚持不懈等，并充分利用这些资源帮助自己达成目标。秦纯听后很受启发，觉得自己也有许多资源，比如"年龄小，有足够的时间和精力去不断尝试"。这些资源对他开启自己独立人生非常有帮助。此刻，秦纯充满信心和力量。

11

任务二　做好独立攻略

本任务设置了2个闯关活动，欢迎你来闯关！预祝你闯关成功哦！

活动1　制定策略方案

闯关任务书

秦纯和婕嫌经过努力，建立了帮助自己创造世界的人脉，获得支持和建议。更难能可贵的是，他们用心地重新整理了自己的优势资源。现在的他们内心充满力量。当他们准备开始创造自己的世界时，发现他们对于具体要"创造什么，怎么创造"还有些模糊不清。

"制定策略方案"闯关目标如图1-11所示。

制定策略方案
了解策略方案

图1-11　"制定策略方案"闯关目标

【闯关活动1】策划方案可以帮助秦纯和婕嫌理清创造思路。现在邀请你作为他们的智囊团成员，帮助他们了解策略方案及其制定方法。

第1步：请你谈谈自己对策略方案的理解，即策略方案是什么？策略方案有什么用？

_____

第2步：请你跟小组伙伴相互分享交流，然后一起讨论：如何制定策略方案？

_____

第3步：如果想要了解制定策略方案的更多信息，请跳转至本书第14页，打开【闯关攻略1-2-1】去补血和积累财富，然后再返回第1步和第2步进行修改完善。

恭喜你成功闯过第1关哦！
感谢你们智囊团队小伙伴贡献的集体智慧，为你们点赞！

主题一　独立人生的开启

【闯关活动 2】 了解策略方案及制定过程后，现邀请你帮助秦纯和婕嫌尝试体验一下制定策略方案的过程。

第 1 步：请你在自己感兴趣的青春世界空间（如生命奇迹、青春变化、人际沟通、异性交往、社交安全等）中，选择一个自己现在最想要解决的问题，然后按照下面的提示，尝试制定一份应对策略方案书（图 1-12）。

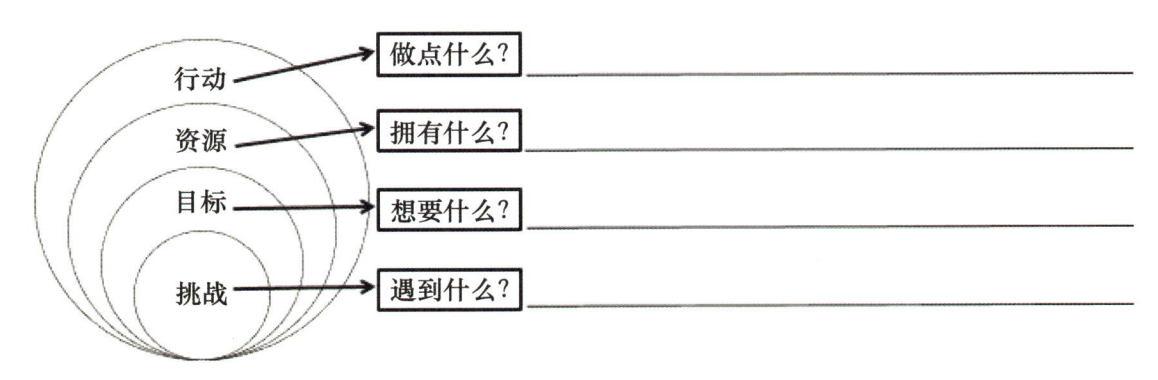

行动 → 做点什么？ _____
资源 → 拥有什么？ _____
目标 → 想要什么？ _____
挑战 → 遇到什么？ _____

图 1-12　策略方案书

第 2 步：请你找一位自己比较信任的小伙伴，两人一组相互分享策略方案。

_____
_____

第 3 步：请你和小组伙伴一起交流：尝试体验之后，感觉制定策略方案对自己创造想要的青春世界有什么启发和帮助？

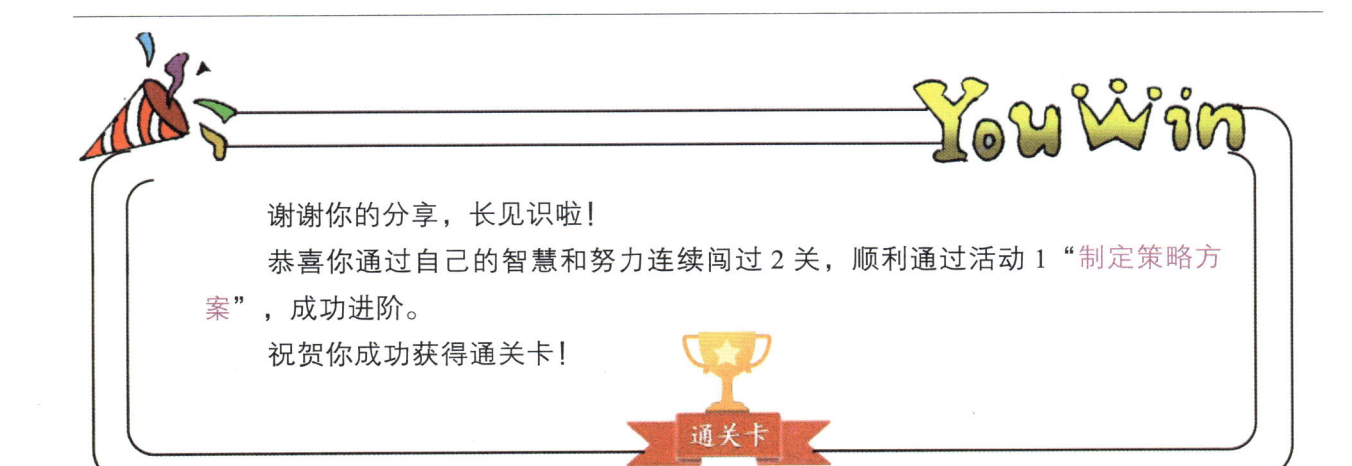

_____

You Win

谢谢你的分享，长见识啦！

恭喜你通过自己的智慧和努力连续闯过 2 关，顺利通过活动 1 "制定策略方案"，成功进阶。

祝贺你成功获得通关卡！

通关卡

闯关交流群

亲爱的同学,当你"制定策划方案"闯关成功后,相信你一定有许多宝贵的想法,想要和你的小伙伴们分享吧。现在邀请你进入"闯关交流群",尽情地分享吧!

置顶留言

1. 目标是灯塔,规划是航道。有目标才有方向,有方向便有了动力。
2. 策略方案是实践、检测、调整的依据,是目标的达成保障。
3. 每个人的世界因策略方案不同而不同,生命变得多彩,生活变得精彩。

亲爱的同学,现在你可以凭借活动1通关卡,带着图1-13中积累的血量和财富进入活动2"调整策略方案"继续闯关吧!

■ 我补充的血量有:

■ 我获得的财富有:

■ 我的新想法是:

图1-13 积累的血量和财富

【闯关攻略1-2-1】制定策略方案

闯关补血站

补血一:策略

● 策略指计策或谋略,一般是指为了达到一个长远的目标而制定的方案,是很多个

主题一 独立人生的开启

小的可以解决问题、实现目标的方法的集合。

● 策略是一个宏观的计划，有着细致的规划，明确的步骤。

● 策略是在一个大的"过程"中进行的一系列行动／思考／选择。

补血二：策略方案

策略方案是针对我们想要达成目标而设想和安排（图1-14），包括：

提出问题　确定目标　完成时间　步骤方法

图1-14　策略方案

补血三：制定策略方案的思路（图1-15）

根据可能出现问题 → 预先制定对应方案 → 选择匹配最佳方案 → 根据变化重新制定和选择 → 实现目标

图1-15　制定策略方案的思路

闯天财富库

故事：婕嫌的好友皎钰刚升入高中，因为没有住校经历，一开始就遇到了困难——晚自修结束，洗漱完毕的皎钰入睡困难，常常要熬到凌晨。这样的困扰导致皎钰白天上课的状态很不好，皎钰心里很着急。

在婕嫌的陪同下，两人向班主任史子老师求助。通过老师和闺蜜帮助查阅资料、分享个人成功经验后，皎钰制定了一个"助眠策略方案"，内容包括：首先，内心明确——调换了新的生活环境后出现入睡困难是很正常的；其次，注意晚餐饮食清淡；再次，睡前洗热水澡；最后，睡前做助眠冥想。

皎钰尝试实施这个"助眠策略方案"，效果不错，入睡越来越快。

15

活动 2　调整策略方案

闯关任务书

秦纯和婕嫌在伙伴们的帮助下，学会了制定策略方案。他们拿着策略方案书给班主任史子老师看，史子老师肯定了他们的做法和成果。之后，又提醒他们说：策略是用来指导实践的，为尽量避免在实践中走弯路，需要在正式实施前评估策略方案的有效性，还要在具体实践过程中不断调整完善。秦纯和婕嫌没有评估和调整策略方案的经验，需要寻求帮助。

"调整策略方案"闯关目标如图 1-16 所示。

图 1-16　"调整策略方案"闯关目标

【闯关活动 1】请你帮助秦纯和婕嫌了解评估策略方案的方法和具体步骤。

第 1 步：请你谈谈自己对评估策略方案的看法和想法。

_____

_____

_____

第 2 步：现在请你仔细阅读活动 1 中制定的策略方案书，按照下面的提示，在头脑中想象策略实施过程和结果（图 1-17）。请你用简单的语句记录下来，形成一个小故事。

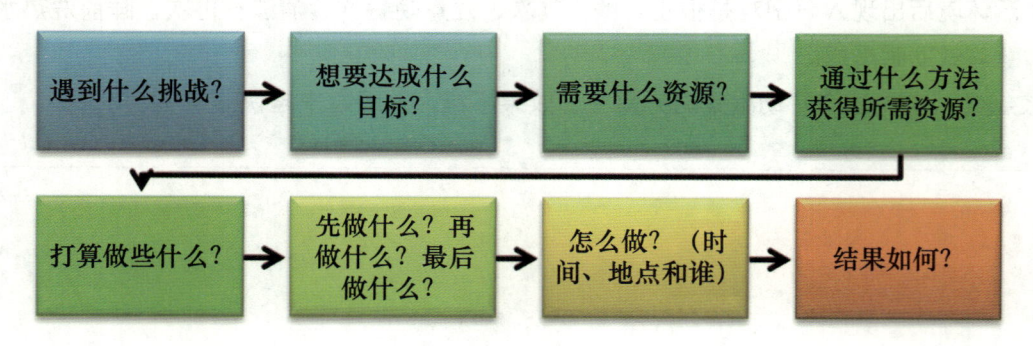

遇到什么挑战？ → 想要达成什么目标？ → 需要什么资源？ → 通过什么方法获得所需资源？

打算做些什么？ → 先做什么？再做什么？最后做什么？ → 怎么做？（时间、地点和谁） → 结果如何？

图 1-17　实施过程和结果

主题一 独立人生的开启

> 秦纯和婕嫌来到中职学校，想要创造自己属于自己的青春世界。他们选择进入（生命奇迹/青春变化/人际沟通/异性交往/社交安全）世界空间。他们遇到：
> _____
> _____
> _____

第3步：请你找小组伙伴相互分享故事，然后将故事结果与活动1中制定的策略方案目标做个比较，依据比较结果评估策略方案效果，并找出方案中存在的问题。
_____

第4步：如果想要对策略方案评估有更深入地探究，请跳转至本书第19页，打开【闯关攻略1-2-2】去补血和积累财富。之后找小组伙伴相互交流新想法。
_____

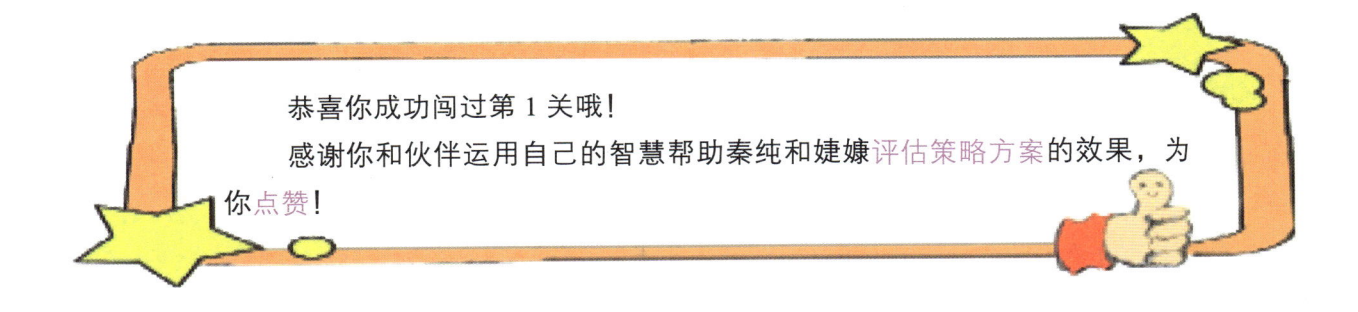

恭喜你成功闯过第1关哦！
感谢你和伙伴运用自己的智慧帮助秦纯和婕嫌评估策略方案的效果，为你点赞！

【闯关活动2】现在需要你充分利用自己的想象力，通过"纸上谈兵"的形式，根据评估结果对策略方案进行调整。

第1步：请你先谈谈自己对策略方案调整的看法和想法。
_____

第2步：请你和小组伙伴在一起探究：针对在闯关活动1中找出方案中存在的问题，相互提出宝贵修改建议，然后完善策略方案书。

第3步：如果想要对策略方案调整有更深入的探究，请跳转至本书第19页，打开【闯关攻略1-2-2】去补血和积累财富。之后找小组伙伴相互交流新想法。

谢谢你的分享，长见识啦！

恭喜你通过自己的智慧和努力连续闯过2关，顺利通过活动2"调整策略方案"，成功进阶。

祝贺你成功获得通关卡！

闯关交流群

亲爱的同学，当你"调整策略方案"闯关成功后，相信你一定有许多宝贵的想法，想要和你的小伙伴们分享吧。现在邀请你进入"闯关交流群"，尽情地分享吧！

置顶留言

1. 策略方案实施中发现的问题是目标达成的阶段，非常宝贵。
2. 及时评估方法的效果，有效的方法继续多做，无效的做法果断放弃，改做点不一样的。
3. 创造我的青春世界过程是螺旋式上升的循环过程，需要耐心和毅力。

主题一 独立人生的开启

亲爱的同学，恭喜你完成主题一闯关活动，获得"独立"奖章！现在请你至少找3位伙伴用笔给自己颁发"独立"奖章，请你带着图1-18中积累的血量和财富及"独立"奖章，再分别在图1-19空间里写一句感谢语和欣赏语。然后进入主题二"生命起源的探索"世界空间继续闯关吧！

- 我补充的血量有：
- 我获得的财富有：
- 我的新想法是：

图1-18 积累的血量和财富

图1-19 感谢卡和欣赏卡

【闯关攻略1-2-2】调整策略方案

闯关补血站

补血：策略方案评估和调整

在策略方案实施过程中，根据形势发展和变化来选择和调整策略方案，达成最终目标的实现。策略方案评估与调整同步进行。

具体操作如图1-20所示：计划—执行—检查—调整—做新计划，进入循环状态，实践效果螺旋式上升，直到最终目标的达成。

P（Plan）计划
针对想要达成目标的设想和安排，如提出问题、目标、完成时间和步骤方法等。

A（Action）调整
对检查的结果进行处理：成功经验继续多做；做法无效则果断改做别的，未解决的问题放到下一个PDCA循环。

PDCA循环

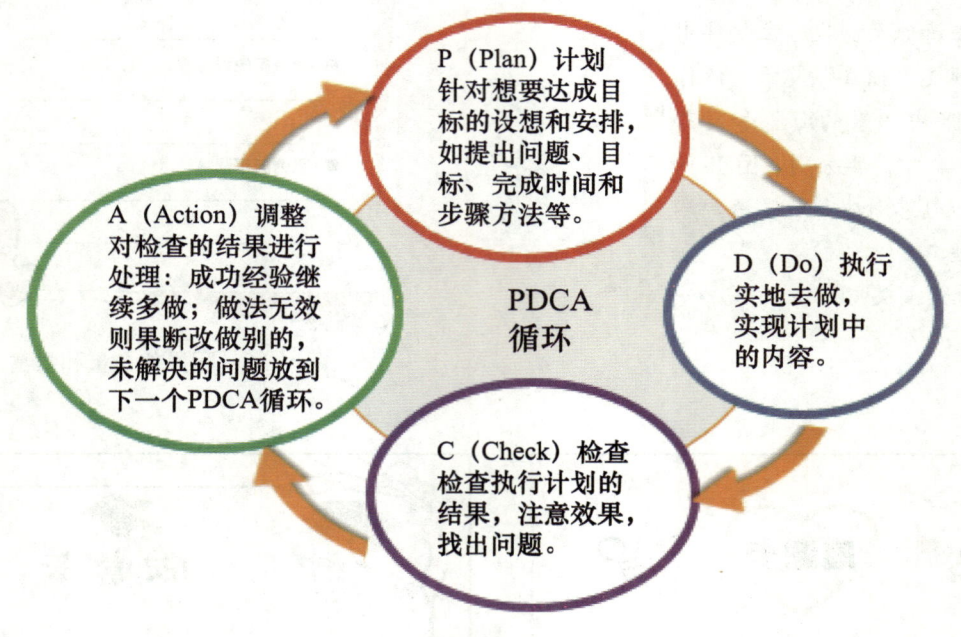

D（Do）执行
实地去做，实现计划中的内容。

C（Check）检查
检查执行计划的结果，注意效果，找出问题。

图1-20 策略方案实施PDCA循环

闯关财富库

故事：皎钰尝试为自己的睡眠困扰制定出一套"助眠攻略"，起初攻略实施起来很有效，但是，一个礼拜后，皎钰突然又出现了入睡困难的情况。原来是天气渐凉加上宿舍条件有限，皎钰有时候洗不上热水澡。在好友和老师的建议下，对攻略进行了调整：如果当天没有洗澡，那么就用热水泡脚或者用手搓热脚底板来替代。

攻略调整后，皎钰的睡眠有了稳定的改善，学习状态也越来越好。半个学期过去了，皎钰彻底丢掉了"入睡困难"的包袱，对住校生活也越来越适应。

皎钰策略方案实施成功，这增强了她成功创造自己的青春世界的信心和力量，她开心地对自己说：谢谢你愿意开启创造自己世界之旅！谢谢你这么用心和努力！谢谢你在困境中坚持不放弃！……

生命起源的探索

主题二

亲爱的同学们，大家好！欢迎大家来到"我的青春世界之生命起源的探索"世界空间。新生命的孕育与诞生是一个伟大而神奇的过程，被人们称为"爱的奇迹"。然而，这个过程是如何发生和完成的？需要具备什么条件？青春期身心发展对于我们创造爱的奇迹有什么重要意义？这些问题都属于人类生殖的奥秘，需要我们带着尊重和神圣感去探索答案。

在"生命起源的探索"世界空间里，你需要完成2个成长任务（图2-1），探究生命的奥秘。每个成长任务设定了具体的体验闯关活动，你可以通过自己智慧和能力，或借助"闯关攻略"补血和积累财富，完成闯关任务，成功后拿到通关卡。当你逐级闯关并成功获得2级通关卡之后，将获得"生命"纪念章，见证你成功探索"生命起源"。

任务四　青春的蜕变

任务三　生命的奇迹

图2-1　"生命起源的探索"成长任务

我的青春世界——中职生青春健康教育

任务三　生命的奇迹

本任务设置了2个闯关活动，欢迎你来闯关！预祝你闯关成功哦！

活动1　人生的第一个冠军——生命的孕育

闯关任务书

辰璋看到好友秦纯在开学初绘制的人际关系图中增加了一个妹妹，便询问其缘由。秦纯说：妈妈生了一个小妹妹，并得意地说自己看到妹妹从B超图中的样子变成一个小婴儿，感觉到生命好神奇。辰璋请秦纯回答问题："人到底是怎么来的？"秦纯说初中科学书里有看到过"人生殖的奥秘"，但具体没有具体探索过。妹妹的到来，激发了两个人好奇心和兴趣。

"人生的第一个冠军"闯关目标如图2-2所示。

形成受精卵
认识生殖器官

图2-2　"人生的第一个冠军"闯关目标

【闯关活动1】为了满足一下秦纯和辰璋的好奇心，请你帮忙给他们示范一下：如何探索"人是怎么来的？"探索过程从认识人体内的生殖系统器官开始。

第1步：请你在生殖器官图（图2-3和图2-4）中，在方框中写出指引线对应器官的名称。

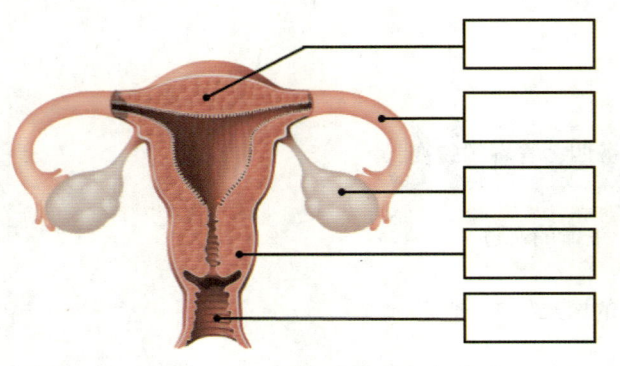

图2-3　女性生殖器官名称

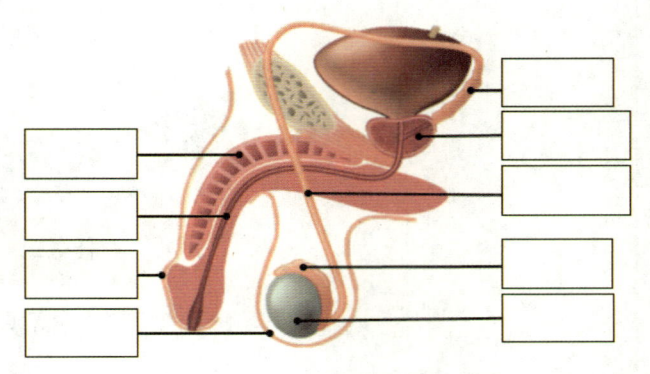

图2-4　男性生殖器官名称

第2步：请你将图2-5和图2-6中左边男、女生殖系统器官名称和右边功能进行连线。

阴蒂	保护泌尿系统和生殖系统
大阴唇	保护阴道口和尿道口
小阴唇	产生卵细胞，分泌雌孕激素
卵巢	激发女性的性欲和快感
阴道	形成月经和孕育胎儿的器官
子宫	受精场所，向宫腔运送受精卵
输卵管	排经血、性交、娩出胎儿的通道

阴茎	输送精子的通道
睾丸	排尿和射精的管道
阴囊	储存精子分泌粘液，提供养分能量
前列腺	产生精子，分泌雄性激素
附睾	分泌前列腺液（精液的组织部分）
输精管	排尿、性交和射精的器官
尿道	保护睾丸、使其保持温度
精囊	贮藏精子使之发育成熟

图2-5 女性生殖器官功能连线图　　图2-6 男性生殖器官功能连线图

第3步：请找你身边的小伙伴先相互确认答案，然后一起跳转至本书第25页，打开【闯关攻略2-3-1】去补血和积累财富，然后再返回核对自己的答案。

恭喜你成功闯过第1关哦！
感谢你帮助秦纯和辰璋正确认识生殖系统器官及功能，为你点赞！

【闯关活动2】新生命的孕育是从精子和卵细胞的结合开始。精子经历了一场神奇而激烈的生命赛跑，才和卵细胞结合成为受精卵，这是人生第一个冠军的奋斗历程。请你帮助秦纯和辰璋了解这个神奇的过程。

第1步：请你确认精子和卵细胞的结合重要处，将图2-7中左图序号填入右边相应括号中。

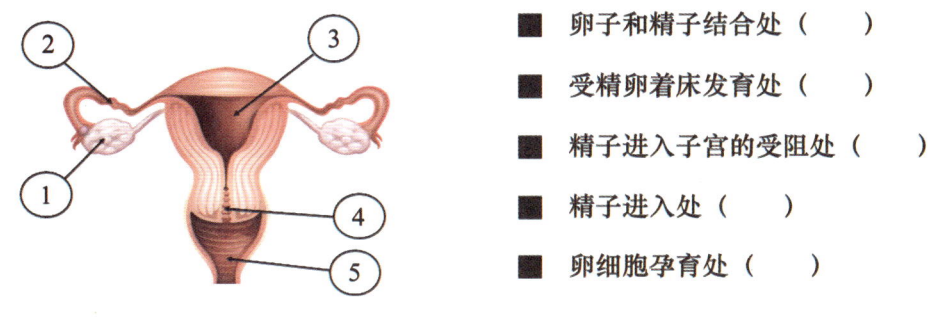

- 卵子和精子结合处（　　）
- 受精卵着床发育处（　　）
- 精子进入子宫的受阻处（　　）
- 精子进入处（　　）
- 卵细胞孕育处（　　）

图2-7 精子和卵细胞的结合

第2步：请你依据精子和卵细胞的结合的路径，给图2-7中序号进行排序。然后找一个小伙伴，两人一组相互分享排序结果，尝试借助图2-8，讲述获得人生第一个冠军的奋斗史。

（　）——（　）——（　）——（　）——（　）——受精卵开始发育

图2-8　排序结果

第3步：如果想要了解更多新生命孕育的知识，请跳转至本书第26页，打开【闯关攻略2-3-2】去补血和积累财富，然后找小伙伴相互分享了解之后的新感想。

谢谢你的探索，长见识啦！

恭喜你通过自己的探索和尝试连续闯过2关，顺利通过活动2"人生第一个冠军"，成功进阶。

祝贺你成功获得通关卡！

闯关交流群

亲爱的同学，当你"人生第一个冠军"闯关成功后，相信你对人的出生一定有许多深刻的感悟，想要和你的小伙伴们分享吧。现在邀请你进入"闯关交流群"，尽情地分享吧！

置顶留言

1. 每个人都会经历从出生、成长、繁殖、衰老直至死亡的生命历程。
2. 每个人的生命都是一个奇迹，我们要珍爱自己的生命，不伤害自己；尊重他人的生命，不伤害他人。
3. 我们是最棒的一个，生命是我们勇敢面对人生的各种压力，接受人生各种挑战的资本。

主题二 生命起源的探索

- 我补充的血量有：
  _____
  _____

- 我获得的财富有：
  _____
  _____

- 我的新想法是：
  _____
  _____

亲爱的同学，现在你可以凭借通关卡，带着图2-9中积累的血量和财富，信心满满地继续闯关活动2"人生第一次奋斗"吧！

图2-9　积累的血量和财富

【闯关攻略2-3-1】生命种子的孕育

闯关补血站

补血：生殖系统

生殖系统是生物体内的和生殖密切相关的器官成分的总称，是繁殖后代，延续种族的所有器官的总称。

生殖系统的器官（图2-10和图2-11），男、女有别。

生殖器官通过其各种活动，受精、妊娠等生理过程，达到繁衍后代的作用（图2-12和图2-13）。

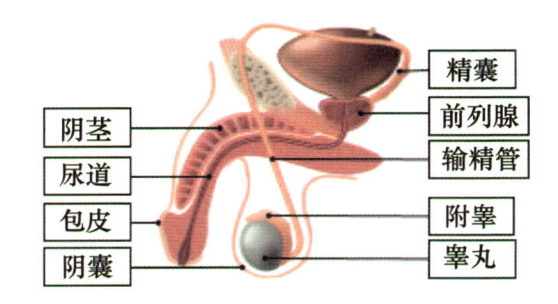

图2-10　女性生殖器官名称

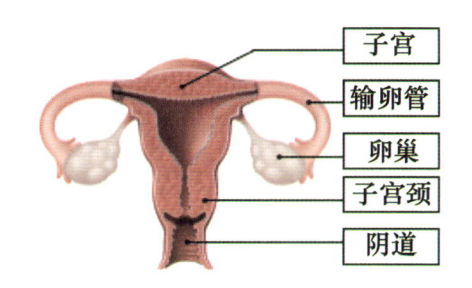

图2-11　男性生殖器官名称

25

男性器官	功能
阴茎	输送精子的通道
睾丸	排尿和射精的管道
阴囊	储存精子分泌粘液，提供养分能量
前列腺	产生精子，分泌雄性激素
附睾	分泌前列腺液（精液的组织部分）
输精管	排尿、性交和射精的器官
尿道	保护睾丸，使其保持温度
精囊	贮藏精子使之发育成熟

图 2-12 男性生殖器官功能连线图

女性器官	功能
阴蒂	保护泌尿系统和生殖系统
大阴唇	保护阴道口和尿道口
小阴唇	产生卵细胞，分泌雌孕激素
卵巢	激发女性的性欲和快感
阴道	形成月经和孕育胎儿的器官
子宫	受精场所，向宫腔运送受精卵
输卵管	排经血、性交、娩出胎儿的通道

图 2-13 女性生殖器官功能连线图

闯关财富库

故事：秦纯在学校经常听到身边的同学在交流过程中，时不时会用"TMD""MB""cao！"等词汇表达自己的不满情绪，让秦纯感觉非常不舒服。于是他问这些同学："你们用的这些词汇，你们知道它们是什么意思吗？"许多同学回答："其实我并不知道这些词汇是什么意思，只是身边的人说，我听到了，也跟着说。"

于是秦纯把自己通过探索获得的知识分享给同学们，告诉他们："这些词都是与性行为有关的词，是女人生殖器官的名称。"听到秦纯的分享，同学们都感到非常难为情，意识到用这些词来表达不满情绪是对女性的不尊重。经过秦纯的努力，这些词汇在日常交流中听到的越来越少，他感觉特别有成就感。

【闯关攻略 2-3-2】人生第一个冠军

补血：受精卵的形成

人类每一个新生命的孕育都是从精子与卵细胞的结合开始。男性的阴茎进入女性的阴道，这叫性交。精子就是在男女性交时进入阴道的。

男性每次射精内含 3 亿至 5 亿个精子。精子进入女性阴道后，几亿个精子开始了一场激烈的生命赛跑，最终只有一个最健壮精子、最活跃、最幸运的精子与卵细胞合二为一，形成受精卵，这是几亿个精子中的冠军（图 2-14）。

主题二　生命起源的探索

第1步：女孩卵巢孕育卵细胞，男孩睾丸孕育精子。

第2步：成熟卵细胞进入输卵管，等待受精。精子在男女性交时进入阴道。

第3步：精子在阴道内向子宫游动，努力通过子宫的门户——子宫颈的阴挡，最后仅有几千个精子进入子宫。

第4步：精子靠自身的游动从子宫到输卵管，真正能到达的只有几百个。

第5步：当精子们遇到卵细胞时，要一起同心协力攻破卵细胞的保护膜，帮助一个精子进入卵细胞，与卵细胞结合，形成受精卵，第一个冠军产生。

图 2-14　人生第一个冠军获得路线图

闯关财富库

　　故事1：辰璋记得自己曾在上幼儿园时，听小朋友紫贝说，自己的妈妈因为生了小弟弟，就只喜欢弟弟不喜欢自己了。紫贝妈妈还告诉紫贝说："你是我在垃圾筒边上捡到的，平时要听爸爸妈妈的话，如果不听话就不要你了。"辰璋听了非常害怕，回家问妈妈："妈妈，妈妈，我是怎么来的？"妈妈用责备的口气说："小孩子，问这些问题干什么？妈妈在忙事情，你自己去一边玩去。"妈妈没有回答辰璋的问题就去做事情了。辰璋觉得自己问了不该问的问题，但他还是非常想知道自己是怎么来的，因为他非常害怕妈妈也像紫贝妈妈一样，当他不听话时，就不要他了。心中的害怕，让他感觉特别不安全。

　　故事2：辰璋和好友秦纯一起探索了人类生殖奥秘后，终于知道自己是怎么来的，他心中的害怕也随之消失。辰璋鼓起勇气跟妈妈表达自己多年来的担心害怕，妈妈听后非常惊讶。妈妈告诉辰璋说，自己当时不知道如何回答他的问题，她觉得这些问题，等辰璋长大了就自然明白了，没想到给辰璋带来伤害。妈妈真诚地给辰璋道歉，辰璋接受妈妈的道歉，母子俩通过真诚的沟通，消除了困扰辰璋多年的害怕和担心。辰璋和妈妈约定遇到问题时就大胆说出来，一家人共同面对。

我的青春世界——中职生青春健康教育

活动 2　人生第一次奋斗

闯关任务书

通过学习，辰璋和秦纯了解到：人的生命是从精子和卵子的结合开始的，在完成受精过程中，赢得了人生第一个冠军，很不容易，也很了不起。好奇心驱使他们想要知道：人是怎么从一个受精卵发育成胎儿的？人是怎么从妈妈的肚子里出来的？

"人生第一次奋斗"闯关目标如图 2-15 所示。

了解胎儿出生

了解胎儿发育

图 2-15　"人生第一次奋斗"闯关目标

【闯关活动 1】初中科学课曾介绍过相关的学习知识，但辰璋和秦纯没有认真学习过，现在想请你帮忙满足一下他们的好奇心。

第 1 步：通过你对生殖系统的了解，受精卵发育成为足月胎儿的流程是怎样的？请你将图 2-16 中胚胎发育图片按发育时间排序。

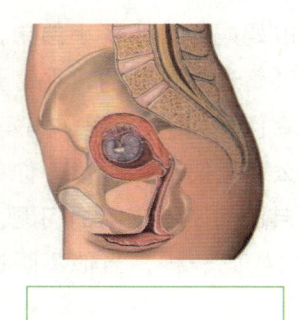

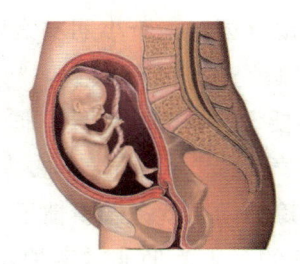

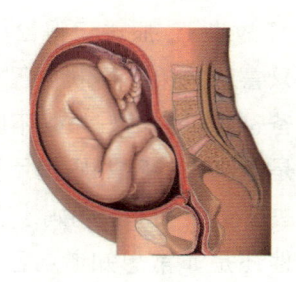

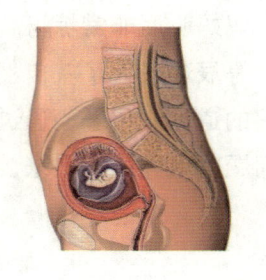

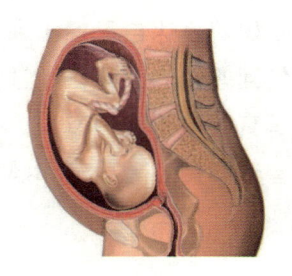

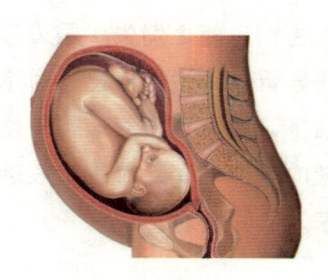

图 2-16　受精卵发育成足月胎儿的流程

28

第2步：请和小组伙伴一起相互分享孕育过程，然后修改完善自己的孕育过程。和伙伴们一起说说感想。

第3步：请跳转至本书第31页，打开【闯关攻略2-3-3】去补血和积累财富，然后再返回修改完善你的排序流程。

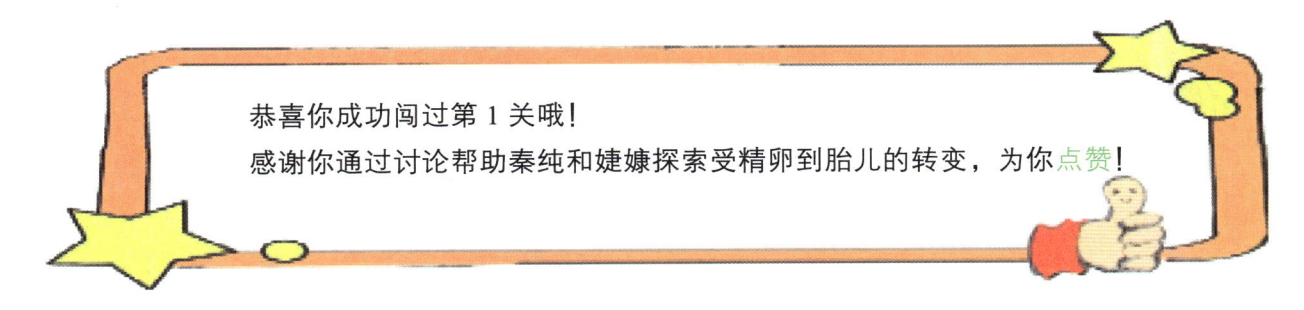

恭喜你成功闯过第1关哦！
感谢你通过讨论帮助秦纯和婕嫌探索受精卵到胎儿的转变，为你点赞！

【闯关活动2】请你帮助秦纯和辰璋模拟体验自然分娩的过程：胎儿在妈妈的子宫里努力奋斗，成功与妈妈的身体分离，来到人世间。

第1步：你知道胎儿出生有哪几种方式？你是以哪种出生的？和伙伴相互分享自己出生的故事。

第2步：请你在老师的指导下，与其他同学一起参与分娩体验活动，请其中几位同学扮演胎儿，从同学们搭建的妈妈的"阴道"中钻出去。体验活动后，和伙伴们一起相互交流活动感受，请写下你的感受。

游戏规则

1. 扮演胎儿的同学，要想尽办法以最快的速度从"阴道同学"们中钻出去。
2. 扮演妈妈"阴道"的同学要想尽办法阻碍扮演胎儿的同学钻出去，"阴道同学"们之间不能断开，同学们可以使用蹲姿、跪姿等。
3. 交换角色，体验不同角色。

第3步：如果想要了解更多人生第一次奋斗的知识，请跳转至本书第31页，打开【闯关攻略2-3-3】去补血和积累财富。请在下面横线上写出你补血和积累财富成功后的新感受和新想法。

_____

_____

You Win

谢谢你的探索，长见识啦！

恭喜你通过自己的探索和尝试连续闯过2关，顺利通过活动2"人生第一次奋斗"，成功进阶。

祝贺你成功获得通关卡！

闯关交流群

亲爱的同学，当你"人生第一次奋斗"闯关成功后，相信你对人的出生一定有许多深刻的感悟，想要和你的小伙伴们分享吧。现在邀请你进入"闯关交流群"，尽情地分享吧！

置顶留言

1. 胚胎发育成胎儿是一种非常奇特的演化过程，受精卵在子宫内着床后时刻在变化着，成长着，演化着。胎儿发育过程是一个缓慢的过程。

2. 无论男孩、女孩都是父母爱的结晶。我们要感恩父母、尊重父母，健康、快乐地成长。

主题二 生命起源的探索

- 我补充的血量有：
  _____
- 我获得的财富有：
  _____
- 我的新想法是：
  _____

亲爱的同学，现在你可以凭借通关卡，带着图2-17中积累的血量和财富，信心满满地继续闯关任务四"青春的蜕变"吧！

图2-17 积累的血量和财富

【闯关攻略2-3-3】胚胎的发育

闯关补血站

补血：胚胎发育图解

- 每个人都知道宝宝在最开始都是从一个小小的胚胎发育的。
- 胚胎发育从生命的最初形态受精卵开始。

胎儿在母体子宫内经过10个月的生长发育流程和阶段如图2-18和图2-19所示。

1. 生命的第1周，受精卵经过多次分裂，形成一个细胞团，逐渐长大，同时开始分化，一部分变成胎儿，另一部分变成了供给胎儿营养并保护胎儿的附属器官。

2. 第1个月，小生命生长得非常迅速，脊椎形成了，脑组织、脊髓及神经系统，还有眼睛，都具有一定的雏形，脊椎的另一头是一个小小的尾巴。此时开始有血管，心脏尚未形成，但在心脏生成的部位有心跳。

3. 第6个月，胚胎迅速发育。胎身长约30 cm，体重达600～750 g，胎儿面貌可辨认，肺开始发育，头发增加，皮下有脂肪和皱纹。

4. 第10个月，大多数的胎儿都将在这一月诞生，只有5%左右的婴儿能准确在预产期生产，提前两周或推迟两周都是正常的。这时胎儿的羊水因身体表面绒毛和胎脂的脱落和其他分泌物的产生，由原来的清澈透明开始变得有些浑浊，呈乳白色。胎盘的功能从此逐渐退化，直到胎儿娩出即完成使命。

图2-18 胎儿在母体子宫的生长发育流程

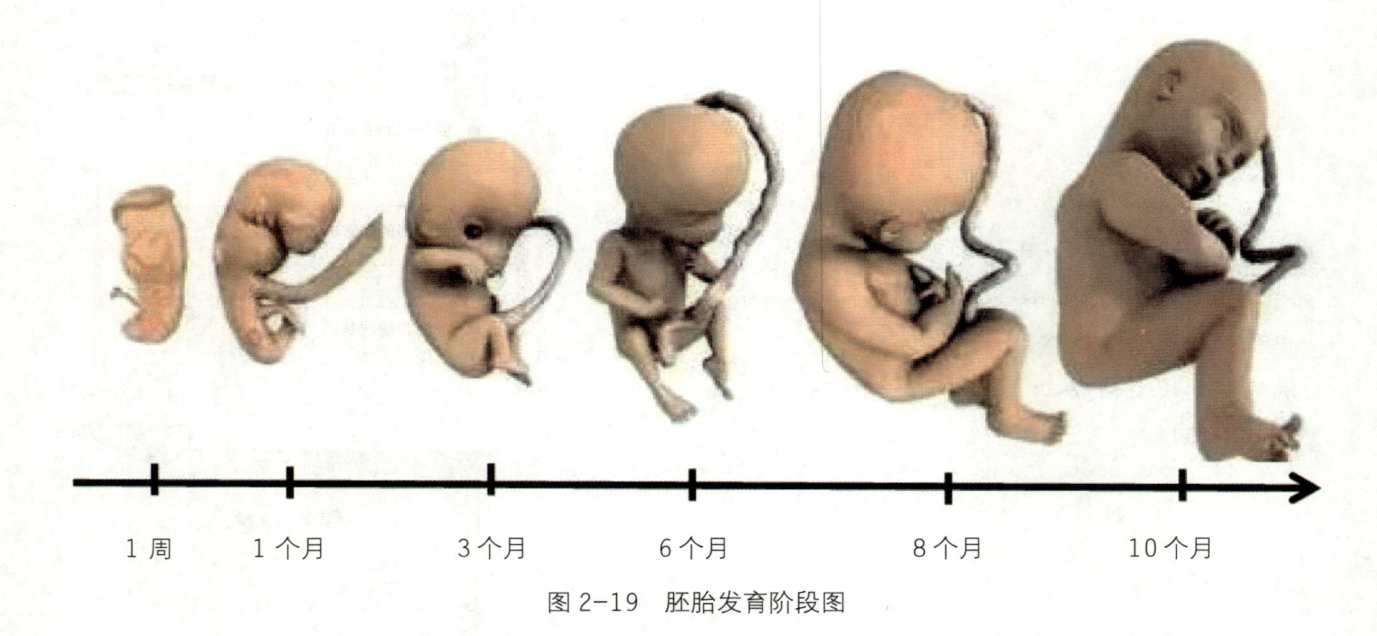

1周　　　1个月　　　3个月　　　6个月　　　8个月　　　10个月

图2-19　胚胎发育阶段图

希望以下的案例能帮助你更好地吸收来自"生命的诞生"的新鲜血液，积累更多的青春财富。

闯天财富库

故事：紫贝的妈妈说，紫贝曾经有一个哥哥或者姐姐，但是在妈妈怀孕1个月的时候流产了，胚胎停止了发育，后来妈妈去医院检查，医生说那叫生化流产，胚胎的发育是优胜劣汰的，发育不好的胚胎是会自动被母体排出体外。这让紫贝既伤心又自豪，伤心的是原本她可以有一个手足，自豪的是她认为自己发育得非常优秀才能顺利被妈妈生育，到这个世界上来感受一切美好的事物。

任务四　青春的蜕变

本任务设置了 3 个闯关活动，欢迎你来闯关！预祝你闯关成功哦！

活动 1　青春期的变化

闯关任务书

婕嫌的好友皎钰是个特别喜欢运动的女孩子，尤其擅长短跑，每年学校的运动会她都会积极地参加。但在比赛那天她弃权了。大家都很好奇，问她为什么不参加运动会，她保持沉默，什么都不肯说。之后，就听见班里的男生神秘兮兮地在讨论"大姨妈"的话题。皎钰听到后脸瞬间涨得通红，不知道该怎么办。

"青春期的变化"闯关目标如图 2-20 所示。

认识青春期的变化

了解青春期

图 2-20　"青春期的变化"闯关目标

【闯关活动 1】故事中男生们讨论的"大姨妈"，其实就是女生进入青春期后正常的生理现象——月经，请你帮助他们科普一下"青春期"的知识吧！

第 1 步：请写下自己对青春期的认识有哪些。

_____

第 2 步：请你找你身边的小伙伴一起相互交流想法，哪些是机遇，哪些是挑战？并将伙伴们分享的、印象深刻的想法收藏一下。

_____

第 3 步：如果想要了解更多青春期的知识，请跳转至本书第 36 页，打开【闯关攻略 2-4-1】去补血和积累财富，然后再返回修改完善你的笔记。

恭喜你成功闯过第 1 关哦！

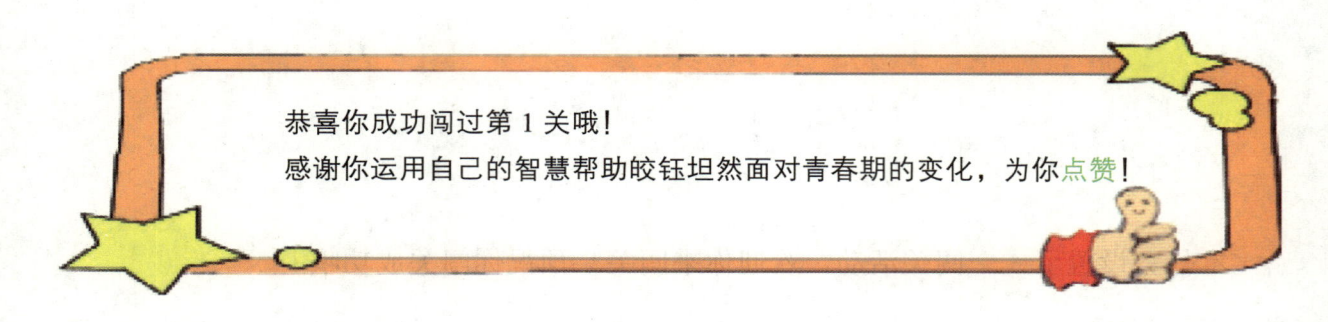

感谢你运用自己的智慧帮助皎钰坦然面对青春期的变化，为你点赞！

【闯关活动 2】青春期是每个人成长的关键期，是人生蜕变期，所谓知己知彼，百战不殆，请你帮助皎钰梳理一下青春期的变化吧。

第 1 步：观察回顾自己或者同伴进入青春期后身体发生了哪些变化（表 2-1）。完成后和身边的小伙伴们分享下吧，如果有好的想法，一定要及时记录下来。

表 2-1　青春期身体的变化

男生身体的变化	女生身体的变化
1.	1.
2.	2.
3.	3.

第 2 步：伴随着生理的变化，处于青春期的我们心理也会发生变化（表 2-2）。请你找你身边的小伙伴先相互分享一下自己的想法。对于印象深刻的想法，收藏一下。

表 2-2　青春期心理的变化

男生心理的变化	女生心理的变化
1.	1.
2.	2.
3.	3.

第 3 步：如果想要获得更多青春期的知识，请跳转至本书第 37 页，打开【闯关攻略 2-4-2】去补血和积累财富。请在下面横线上写出你补血和积累财富成功后，对青春期有哪些新的想法。

_____

_____

主题二 生命起源的探索

谢谢你的分享,长见识啦!

恭喜你通过自己的智慧和努力连续闯过2关,顺利通过活动1"青春期的变化",成功进阶。

祝贺你成功获得通关卡!

通关卡

闯关交流群

亲爱的同学,当你"青春期的变化"闯关成功后,相信你一定有许多宝贵的想法,想要和你的小伙伴们分享吧。现在邀请你进入"闯关交流群",尽情地分享吧!

置顶留言

1. 青春期是以性成熟为主的身心全面发展的阶段。

2. 青春期的发育具有个体差异性,每个人进入青春期的时间有早有晚、发育的变化有快有慢,这些都是正常的现象。

3. 女生来了月经、男生出现遗精,就标志着我们具有了生殖能力,但并不意味着就能承担起生儿育女的责任。

4. 如果想要了解更多与青春期有关的知识,可以向校医、父母等询问,网络及小书摊并不是一个好的选择。

我的青春世界——中职生青春健康教育

■ 我补充的血量有：

■ 我获得的财富有：

■ 我的新想法是：

亲爱的同学，现在你可以凭借通关卡，带着图2-21中积累的血量和财富，信心满满地活动2"青春期的困惑"继续闯关吧！

图2-21　积累的血量和财富

【闯关攻略2-4-1】认识青春期

闯关补血站

补血：青春期

青春期是人体迅速生长发育的关键时期，也是继婴儿期后，人生第二个生长发育的高峰期（图2-22）。青春期是以性成熟为核心的身心全面发展阶段，是决定人一生的体质、心理和智力发展的关键期。

一般来说，女生发育早于男生，女生在9~14岁进入快速增长时期，男生则要晚一至两年。女孩有了月经，男孩有了遗精，是进入青春期的重要标志。

青春期作为走向成人的过渡时期，是我们学习成长为独立人的号角，我们开始对自己的决定负责，同时也要对自己负责。

青春期身心变化时期，我们的思想越来越成熟，越来越在意自己的形象和他人对自己的评价，身体发育的个体差异性容易让我们的情绪大起大落、波动频繁，难以自控。

青春期又被父母称为叛逆期，因为生长环境的不同，我们与父母之间容易产生分歧与争执，这需要良好的亲子沟通来做缓和。

青春期带来了许多新鲜的体验，因为太多了，所以需要我们协调好生活与学习的平衡、生理与心理的平衡。

图2-22　青春期

36

闯关财富库

故事 1：秦纯有段时间脸上长了许多痘，被同学们笑话成"红豆粽子"。每次照镜子，秦纯都很讨厌自己的脸，用手把每一颗痘子都挤过去，期望用这样的方式能让它们消失。妈妈发现了告诉他："青春期的孩子长几颗青春痘很正常！千万别自己用手挤，注意清洁就好。"秦纯委屈地说："辰璋脸上就没长！长痘太难看了！"妈妈宽慰道："每个人体质不同，表现特征也会不同。"秦纯无奈点头，不再为痘烦恼。

故事 2：皎钰人美性格活泼在班上很受欢迎。有一次，皎钰和同桌为一个问题辩论起来，正当同桌即将败下阵来的时候，突然笑着说："皎钰，你这样子一点都不可爱，像男人婆！"皎钰听到这句话，就像戳到痛处一样跳起来："你才是男人婆！"同桌继续说道："你不是男人婆，怎么会和我们男生一样长毛呢！呵呵。"同学听完后，视线都转向皎钰。皎钰尴尬地趴在课桌上哭了起来。同桌赶快道歉说："其实那是汗毛，大家都有的，逗你玩呢！"大家听后都点点头，赶忙过来安慰皎钰，化解尴尬气氛。

【闯关攻略 2-4-2】了解青春期的变化

闯关补血站

补血一：青春期的生理变化

青春期男女生的大部分变化是相似的，如身高增长、体重增加、汗腺发达等（表 2-3）。

表 2-3 青春期的生理变化

男生身体的变化	女生身体的变化
◆体重增加	◆体重增加
◆长高	◆长高
◆汗腺变得活跃	◆汗腺变得活跃
◆肌肉变得强壮有力，肌纤维变粗长	◆皮下脂肪逐渐蓄积
◆皮肤变化，可能出现痤疮	◆皮肤变化，可能出现痤疮
◆声音变化，童音消失，嗓音变粗	◆声音变化，童音消失，嗓音变细
◆喉结发育，部分男生乳头下可出现硬结	◆乳房发育
◆肩膀变宽	◆臀部发育
◆阴毛、腋毛、胡须出现	◆阴毛、腋毛出现
◆性器官的发育	◆性器官的发育
◆睾丸开始产生精子	◆卵巢开始排卵
◆遗精（具备生育能力）	◆月经（具备生育能力）

希望以下的案例能帮助你更好地吸收来自"青春期的生理变化"的新鲜血液，积累更多的青春财富。

闯天财富库

故事：艾亦给同学辰璋分享一个因自己对青春期的无知而闹出的笑话：艾亦平时就不爱运动，能躲就躲，能懒就懒。这节体育课老师特别凶残，安排了 1 500 米跑，艾亦不想跑，灵机一动去和体育老师请假，老师问："你请什么假啊？"艾亦掷地有声地说："我请例假！"体育老师听后笑着问艾亦："你能告诉我什么是例假吗？"艾亦说："每个月的特殊日子，可以请假。"同学们都起哄说："艾亦，你也有特殊日子？"。后来学习科学，艾亦才知道，女生进入青春期每个月会来月经，这段时间又称为例假。男生不会来月经，所以没有例假可以请┐(￣Д￣)┌。

补血二：青春期的心理变化

进入青春期，我们总是憧憬成熟又留恋童年，追求完美又总有缺憾，拒绝灌输又渴望帮助。矛盾的心理，使得我们的不胜其烦，这些都是青春期的正常现象。对我们顺利过渡到成人有着十分重大的意义。

青春期心理发展变化如图 2-23 所示。

- ◆ 充满自信，富于幻想，憧憬未来
- ◆ 勇于探索和创新，求知欲强，冒险精神剧增
- ◆ 要求独立，觉得自己已经成人，希望自己做决定，想尝试成年人的所作所为
- ◆ 渴望完美，希望得到父母和他人的认可和赏识
- ◆ 渴望广交朋友和参加社会活动
- ◆ 自己的许多行为受同伴的影响比较大
- ◆ 情绪不稳定，感到困惑，容易冲动，对行为后果考虑不周
- ◆ 性意识增强，对性的关注、吸引、探知和尝试
- ◆ 开始对异性有好感，也希望自己对异性有吸引力
- ◆ 对相貌及身材开始格外重视
- ◆ 开始具备抽象思维能力，能够将自己的行为与可能导致的后果联系起来

图 2-23 青春期心理发展变化

希望以下的案例能帮助你更好地吸收来自"青春期的心理变化"的新鲜血液，积累更多的青春财富。

闯关财富库

故事 1：皎钰认真地看着黑板，巴霖偷偷地看着皎钰。巴霖好几次被老师点名批评不专心听讲，可是他听课听着听着眼睛不自觉地就会往皎钰在的位置瞟，巴霖觉得很苦恼。班主任找巴霖谈心，告诉他说青春期因为身体内激素的原因会对异性产生好感是正常的现象，只要注意不伤害他人、不影响学习就好。巴霖的烦恼解除啦。

故事 2：婕嫌在众人眼里是个听话的好孩子。但是，不知道从什么时候开始，婕嫌总是感觉莫名的烦躁，有时候总想发脾气。有一次，她的学习状态特别不好，回家后也没有心思看书，就想看电视缓解一下。但是妈妈下班进门，看到婕嫌在看电视，说："婕嫌，快要考试了，怎么还在这看电视呢？"瞬间，婕嫌就感觉自己怒火冲天，极其不耐烦地大声说："妈，您能不能别再唠叨了，真烦死了！"然后，摔门回了自己房间。婕嫌明明知道妈妈是在关心自己，但听了妈妈的话感觉很不舒服。妈妈非常善解人意，事后找婕嫌聊天，她现在正在长大，有自己的想法和情绪是正常的，但要和父母沟通，避免不必要的误会和伤害。

活动 2　青春期的困惑

闯关任务书

婕嫌的好友紫贝初中时天真活泼、自信、乐于助人，是一个非常追求完美和快乐的女孩子。可是上了高中之后，人长高了也变"胖"了，她对自己的身材很不满意。她觉得边同学看她的眼神也变得不一样了。她心情变得烦躁，也变得越来越不愿意和别人交往。

"青春期的困惑"闯关目标如图 2-24 所示。

图 2-24　"青春期的困惑"闯关目标

【闯关活动 1】请你帮助紫贝梳理一下遇到的困惑，为面对和应对这些困惑做准备。

第 1 步：请你根据紫贝的烦恼，帮助她罗列困惑清单，对她的困惑进行梳理。

第 2 步：请你根据实际情况列出他们在青春期可能遇到的一切困惑。列完后，请你进行组内讨论，对照以上列出的困惑，进行完善：

第 3 步：如果想了解更多青春期的困惑，请跳转至本书第 42 页，打开【闯关攻略 2-4-3】去补血和积累财富，然后再返回修改完善你们小组的建议。

恭喜你成功闯过第 1 关哦！
你通过团队的智慧和合作帮助紫贝认识了青春期的困惑，顺利通过此关卡，为你点赞！

【闯关活动 2】请你帮助紫贝想想办法，探寻面对和应对这些困惑的有效方法。

第 1 步：请你回忆一下，自己和身边小伙伴是否遇到跟紫贝类似的困惑，你们当时是怎么面对和应对的？请你写下你们觉得有效的解决方式。

第 2 步：请你们分组进行小组代表发言，每组选择讨论后的最佳解决方式，最后全班同学投票选择帮助紫贝的最佳方法。

第 3 步：如果想要了解更多的方法，请跳转至本书第 43 页，打开【闯关攻略 2-4-4】去补血和积累财富。请在下面横线上写出你们小组补血和积累财富成功后的新感受和新想法。

谢谢你的小组探讨，很棒哦！
恭喜你通过团队的智慧闯过关卡，顺利通过活动 2"青春期的困惑"，成功进阶。
祝贺你成功获得通关卡！

闯关交流群

亲爱的同学,当你"青春期的困惑"闯关成功后,相信你一定有许多宝贵的想法,想要和你的小伙伴们分享吧。现在邀请你进入"闯关交流群",尽情地分享吧!

置顶留言

1. 世界上没有一个人是一模一样的,我们每个人的性格、样貌都独一无二,每个人在青春期都会经历发育之后的大变样,这是非常正常的。我们应当悦纳自己,欣赏自己的与众不同,接纳自己的变化。青春期的快速发育变化是人一生中无法避免的阶段,我们要坦然面对与他人的不同之处,也要尊重与别人的差异,欣赏自己,也欣赏他人。

2. 青春期的困惑应当被正确缓解或解决,当我们无法排解困扰时,可以寻求父母长辈、要好的朋友、闺蜜以及专业的心理老师的帮助。在正确的情绪梳理、价值观重建的过程中相信自己一定能顺利快乐地度过青春期。

亲爱的同学,现在你可以凭借通关卡,带着图 2-25 中积累的血量和财富,信心满满地继续闯关活动 3 "青春期的保健"吧!

- 我补充的血量有:

- 我获得的财富有:

- 我的新想法是:

图 2-25 积累的血量和财富

【闯关攻略 2-4-3】青春期的困惑

闯关补血站

补血：青春期的困惑

谁的青春不困惑？谁的芳心不寂寞？由于生理的巨大变化，成人感出现，青少年的生理和心理发展出现矛盾，主要表现为（图 2-26）：

心理困惑
- 成绩下降，情绪波动大，无法控制情绪，表现为两极性
- 叛逆、厌学、孤独
- 对异性产生好感，对于自己喜欢或不喜欢的异性同学，感到非常痛苦和烦恼
- 想独立又依赖，渴望与人敞开心扉又时不时封闭自己

体相困惑
- 追求完美，体相烦恼，非常注意自己的形象，非常在意自己的身体是否发胖，严重的有进食障碍
- 非常在乎异性的看法，易产生自卑心理

图 2-26　青春期的困惑

希望以下的案例能帮助你更好地吸收来自"青春期的困惑"的新鲜血液，积累更多的青春财富。

闯关财富库

故事： 最近，婕嫌很烦恼，因为她有时心花怒放，阳光灿烂，满脸春风，有时愁眉苦脸，阴云密布，痛不欲生，甚至暴跳如雷，让人捉摸不定，因此得罪了许多朋友。她开始把注意力集中在自己的内心世界上，发现自己的思想、情感和其他人有许多不同。她开始意识到人与人之间存在着心心相印和心理不相容的差别。她只愿对知心朋友倾吐自己内心的秘密，她不愿同爸妈说秘密、透露内心，在家里总是把自己隐藏起来，以致常常产生孤独感。她向心理老师求助，老师说她这种情况是青春期的典型特点：心理闭锁与渴求理解的矛盾、青春期情绪的两极性，很多同学都有同感。

婕嫌听后，意识到自己其实挺正常的，只要学会去适应和应对就好。

【闯关攻略 2-4-4】应对青春期的困惑

闯关补血站

补血：应对青春期的困惑的方法

虽然青春期的困惑在所难免，但是也有许多可靠有效的办法帮助你走出困惑（图 2-27）。

1. 寻求专业心理老师的援助
- 专业心理老师是每个学校都必须配备的，有的学校的心理咨询室有非常专业的心理咨询工具，有发泄室，有音乐治疗室，专业心理老师会针对你的问题和困惑，为你进行专业的心理咨询和心理治疗。当你感到难以自处的时候，请你一定要找你的心理老师，他们会给你专业的建议。

2. 寻求班主任和自己信任的任课老师的帮助
- 班主任一般是学校最了解你的人，也最有经验，班主任会帮你分析处境，给你中肯的建议。也可以跟你信任的任课老师沟通，或许他们会从别的角度帮助你。

3. 寻求父母的支持和理解
- 你的父母是最爱也最包容你的人，主动与之沟通是最好的办法。

4. 寻求好友、闺蜜的帮助
- 假如当你不信任长辈的时候，好友是你的最佳选择，你可以与之宣泄你的困惑和不满，好友会从同龄人的角度给你意见，会更感同身受。

图 2-27 应对青春期困惑的方法

希望以下的案例能帮助你更好地吸收来自"应对青春期的困惑"的新鲜血液，积累更多的青春财富。

闯关财富库

故事：巴霖越来越感到自己是"大人"了，总想着从爸妈的约束中解放出来，对妈妈的说教及过分关心会产生反感，会把情绪衍生到学校，出现了顶撞老师的现象，甚至对学校产生反抗情绪，做了许多违反校纪校规的事，被作为重点关注对象。班主任给予他许多关照，还请心理辅导老师协助。通过咨询，他了解到自己的情绪和行为是青春期独立意识与依赖心理矛盾的具体表现，是正常的。但需要学习增强自己的自我控制能力，做自己情绪的主人。在老师和同学的帮助下，巴霖开始学习控制情绪，慢慢地，在情绪管理方面有很大的进步。

活动3　青春期的保健

闯关任务书

秦纯有段时间感觉生殖器总是瘙痒难忍，内裤散发着一股怪味。他也不好意思告诉别人，自己偷偷地在卫生间检查自己的瘙痒处，发现阴囊皮肤有些红肿，没有别的异样，不予理睬。每次痒的时候就偷偷地抓一下，后来瘙痒越来越严重。他不好意思告诉家人，也不好意思去学校医务室咨询，自己在网上查治疗方法，尝试几种方法都没有效果，不知道怎么办，非常苦恼。

"青春期的保健"闯关目标如图2-28所示。

良好的卫生习惯
青春期生理保健

图2-28　"青春期的保健"闯关目标

【闯关活动1】进入青春期后会遇到许多困难和挑战，非常不容易。现在想邀请你帮助秦纯解决他遇到的问题。

第1步：请你先尝试回答一下秦纯提出的两个困扰他的问题，然后和小组伙伴相互讨论交流，完善自己的回答。

_____
_____

第2步：请你和小组伙伴相互分享一下自己了解到的类似问题及有效应对方法、印象深刻的经验，收藏一下。

_____
_____

第3步：请跳转至本书第47页，打开【闯关攻略2-4-5】去补血和积累财富，然后再返回修改完善你的笔记。

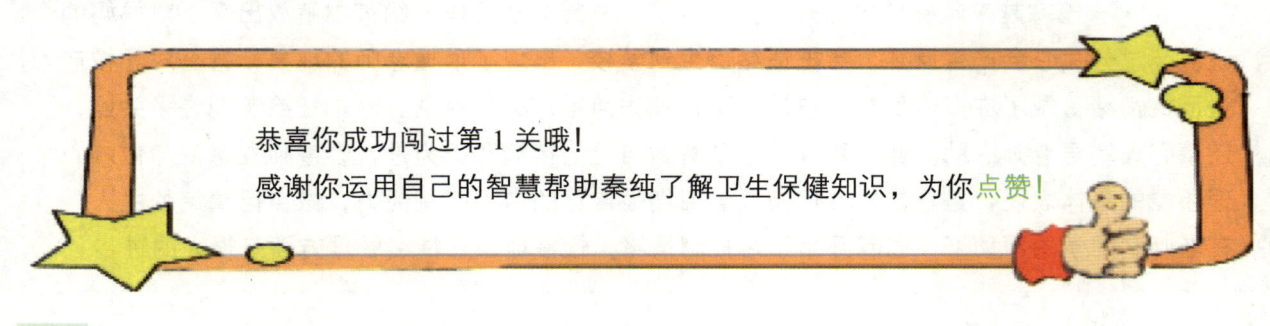

恭喜你成功闯过第1关哦！
感谢你运用自己的智慧帮助秦纯了解卫生保健知识，为你点赞！

【闯关活动 2】秦纯遇到的问题与青春期的卫生保健相关。现在邀请你给秦纯普及一下青春期卫生保健知识，澄清一些错误的认识，帮助秦纯养成良好的卫生习惯。

第 1 步：请你示范完成下面的知识问答（表 2-4），在你认为对的选项前打✔。

表 2-4　知识问答

（　）1. 在青春期，体重上升过快可以考虑节食减肥
（　）2. 在青春期，胸部发育良好的女生为了避免尴尬可以考虑束胸
（　）3. 男生关系够好，内裤也能混着穿
（　）4. 汗毛重可以用脱毛剂去除
（　）5. 面部出现"青春痘"用手挤掉就好了
（　）6. 女孩在月经期间不宜做剧烈的运动
（　）7. 月经期不需要特别的保健
（　）8. 女生来月经是很脏的、不吉利的，要离她们远点
（　）9. 为了追求男人味，男生可以连着好几天不洗澡
（　）10. 清洗生殖器是很羞耻的，不要特意去洗
（　）11. 男生穿紧身裤对身体好
（　）12. 毛巾、洗漱盆等可以和他人共用
（　）13. 包皮过长或者包茎是不正常的，不要去医院丢人
（　）14. 每天洗内裤的行为很娘娘腔，男生不用勤换勤洗内裤
（　）15. 脸上有痤疮是正常现象，不用求医
（　）16. 乳房小的女生以后生养不了孩子
（　）17. 女生月经前期可能会有痛经、情绪烦躁等不适，都是不正常的

第 2 步：请你找身边的小伙伴相互分享一下自己的判断结果及判断依据，将不同的结果做个记号，适当记录你觉得有道理的判断依据。

第 3 步：如果想要了解青春卫生保健问题的正确判断及科学解释，请跳转至本书第 47 页，打开【闯关攻略 2-4-5】去补血和积累财富。请在下面横线上写出你补血和积累财富成功后，对青春期保健有哪些新的想法。

我的青春世界——中职生青春健康教育

谢谢你的分享，长见识啦！

恭喜你通过自己的智慧和努力连续闯过 2 关，顺利通过活动 3 "青春期的保健"，成功进阶。

祝贺你成功获得通关卡！

闯关交流群

亲爱的同学，当你"青春期的保健"闯关成功后，相信你一定有许多宝贵的想法，想要和你的小伙伴们分享吧。现在邀请你进入"闯关交流群"，尽情地分享吧！

置顶留言

1. 青春期是我们第二个快速发育的阶段，特别是生殖系统的发育高峰期，掌握科学的青春期保健知识是非常重要的。
2. 良好的卫生习惯，是健康的基础，将受益于我们的一生。
3. 青春期的变化是正常、合理的，我们应该带着善意去对待自己和身边的伙伴。
4. 如果遇到问题，一定要及时和校医、父母、老师沟通，去正规的医院做检查。

亲爱的同学，恭喜你完成主题二闯关活动，获得"生命"奖章！现在请你带着图 2-29 中积累的血量和财富，至少找 3 位伙伴用笔给自己颁发"生命"奖章，然后进入主题三"性别世界的认知"世界空间继续闯关吧！

- 我补充的血量有：
- 我获得的财富有：
- 我的新想法是：

图 2-29　积累的血量和财富

46

【闯关攻略 2-4-5】青春期的保健

闯关补血站

补血：青春期的生理保健

青春期保健主要是正确对待男生遗精、包皮过长、包茎、隐睾、女生月经、乳房发育和手淫等现象（图 2-30）。科学地对待这些生理现象。

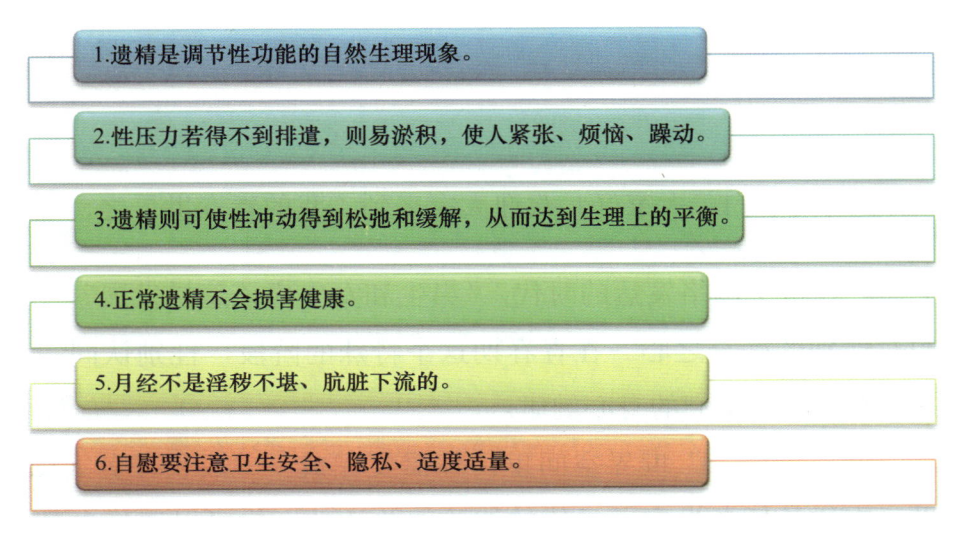

1. 遗精是调节性功能的自然生理现象。
2. 性压力若得不到排遣，则易淤积，使人紧张、烦恼、躁动。
3. 遗精则可使性冲动得到松弛和缓解，从而达到生理上的平衡。
4. 正常遗精不会损害健康。
5. 月经不是淫秽不堪、肮脏下流的。
6. 自慰要注意卫生安全、隐私、适度适量。

图 2-30　青春期的生理保健

希望以下的案例能帮助你更好地吸收来自"青春期的保健"的新鲜血液，积累更多的青春财富。

闯关财富库

故事：辰璋跟妈妈说，寝室里有同学向他借内裤穿，让他感觉特别不舒服，他没有借，同学说他"小气"。他感觉很苦恼，不知道怎么跟同学说比较好。妈妈听后，肯定了辰璋的决定。妈妈告诉辰璋：内裤是贴身衣服，要选用透气性好、吸湿性强的棉织品，一定要保持清洁，绝对不能和别人混用，防止传染疾病。后来，辰璋听了妈妈的建议，跟同学一起学习相关知识，同学意识到自己要求的不合理性，并为自己的行为跟辰璋道歉，两人和好。

主题三　性别世界的认知

亲爱的同学们，大家好！欢迎大家来到"我的青春世界之性别世界的认知"世界空间。在这个网络发达的时代，"男生和女生应该怎样发展？"的问题激起了同学们对性别的好奇之心。在青春期这个特殊的阶段，性别认同、对自己的性别自信关系着今后同学们的身心健康。

在"性别世界的认知"世界空间里，你需要完成1个成长任务（图3-1），多彩的世界。本成长任务设定了具体的体验闯关活动，你可以通过自己智慧和能力，或借助"闯关攻略"补血和积累财富，完成闯关任务，成功后拿到通关卡。当你逐级闯关并成功获得通关卡之后，将获得"性别"纪念章，见证你成功认知"性别世界"。

图3-1　"性别世界的认知"成长任务

任务五　多彩的世界

本任务设置了 2 个闯关活动，欢迎你来闯关！预祝你闯关成功哦！

活动 1　多元性别

闯关任务书

秦纯的好友辰璋是一位多愁善感的男生，言语柔细，心思细腻，相对于其他男生喜欢篮球等能让人大汗淋漓的运动，他更加擅长艺术创作。因为平时较少加入男生活动的行列，以及个人所散发的所谓"女性特质"，他常常被同学嘲笑为"娘娘腔""宝玉哥"。为此，辰璋感到非常苦恼，难道自己真的是个假"男生"？

"多元性别"闯关目标如图 3-2 所示。

区分生理性别、社会性别和心理性别　　消除刻板印象、发挥性格特征的正向面

图 3-2　"多元性别"闯关目标

【闯关活动 1】请你帮助辰璋分析一下吧！

第 1 步：关于辰璋的烦恼和想法，你的看法是什么？

第 2 步：分析完毕后，请你找你身边的小伙伴进行探讨，哪些性格特点词汇常被用于描述男性，而哪些又常被用于描述女性。这些词汇如果男女互换，可以吗？为什么？

第 3 步：请跳转至本书第 52 页，打开【闯关攻略 3-5-1】去补血和积累财富，然后再返回修改完善你的分析结果及理由。

我的青春世界——中职生青春健康教育

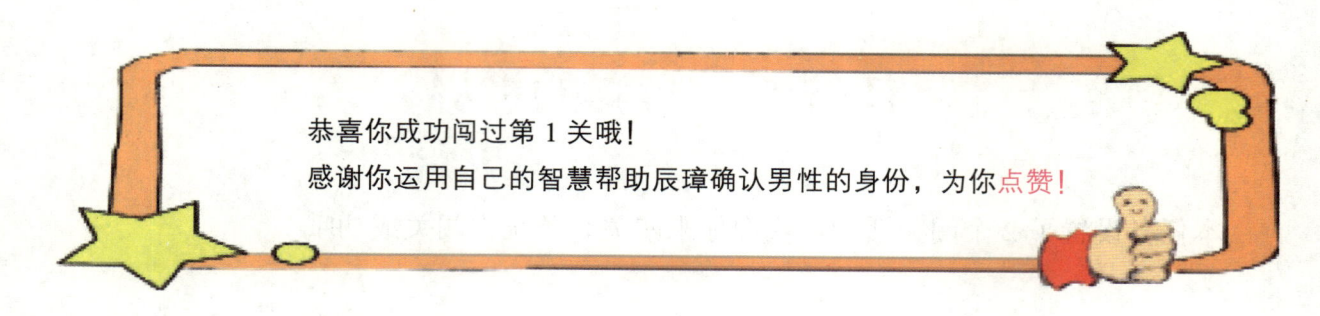

恭喜你成功闯过第 1 关哦！
感谢你运用自己的智慧帮助辰璋确认男性的身份，为你点赞！

【闯关活动2】在生活中，我们常常认为男生就应该强壮有力，而女生则应该柔弱较小。这是对社会性别的刻板印象，限制了许多人的发展机会。请你帮助辰璋和秦纯探索性别偏见，对其有更多认知。

第1步：如果请你对辰璋讲几句话，你会怎么跟他说？请写在下面。

_____
_____

第2步：请和伙伴一起制作职业名称卡片（图3-3），并思考这些职业是适合男性还是适合女性，并说说自己的理由。

教师　　医生　　……

图 3-3　职业名称卡片

第3步：如果把这些卡片男女位置互换一下，是否可以？请挑选其中一个说明理由，并写在下面。

_____
_____

第4步：如果想要了解更多关于社会性别刻板印象及消除性别偏见的知识，请跳转至本书第54页，打开【闯关攻略3-5-2】去补血和积累财富。请在下面横线上写出你补血和积累财富成功后，对多元性别有哪些新的想法。

_____

主题三　性别世界的认知

谢谢你的分享，长见识啦！

恭喜你通过自己的智慧和努力连续闯过 2 关，顺利通过活动 1 "多元性别"，成功进阶。

祝贺你成功获得通关卡！

闯关交流群

亲爱的同学，当你"多元性别"闯关成功后，相信你一定有许多宝贵的想法，想要和你的小伙伴们分享吧。现在邀请你进入"闯关交流群"，尽情地分享吧！

置顶留言

1. 生为男性和女性，是自然的赋予；即使他们的特征不符合社会刻板印象，但他们依然是正常的男性、女性。
2. 对一个人贴上"娘娘腔""男人婆"的侮辱性标签是非常不礼貌的。
3. 几乎所有男人能做的事情，女人也能做；反之亦然。
4. 社会性别刻板印象阻碍个人的成长，我们要摒弃错误的性别意识，树立性别平等意识，给自己和他人更广阔的发展空间。

我的青春世界——中职生青春健康教育

亲爱的同学，恭喜你完成主题三闯关活动，获得"**性别**"奖章！现在请你带着图3-4中积累的血量和财富，至少找3位伙伴用笔给自己颁发"独立"奖章，然后进入主题四"**人际交往的应对**"世界空间继续闯关吧！

- 我补充的血量有：
- 我获得的财富有：
- 我的新想法是：

图3-4　积累的血量和财富

【闯关攻略3-5-1】生理性别、社会性别和心理性别

闯关补血站

补血一：生理性别

生理性别指男性与女性间的生物性区别。这些区别是与生俱来且是永恒不变的。这些生物性区别包括生殖器的类型、所分泌的荷尔蒙的类型、产生精子及卵子的能力及生育和哺乳的能力。当然，从染色体的角度看，男性为XY，女性为YY。

希望以下的故事能帮助你更好地吸收来自"**生理性别**"的新鲜血液，积累更多的青春财富。

闯关财富库

故事1：泰国人妖是泰国的一大旅游景点。泰国人妖往往通过服用雌性激素而发展出女性特征，部分人妖切除了男性生殖器，部分未切除。但是泰国人妖在生理性别上，仍旧为男性（泰国法律也定义人妖为男性），因为他们即使切除生殖器，他们的染色体仍旧为XY。

故事2：一位15岁的男孩进入青春期后，发现乳房逐渐隆起，并且逐渐发展出其他女性第二性征的特点，经过医院检查，发现他的染色体为XXY。这个男生从生理性别上依旧为男性。因为虽然他拥有女性的XX染色体，但是只有男性拥有Y染色体，因此从生理性别上，他仍旧为男性，并且可以正常产生精子。

补血二：社会性别

● 一个人的性别意识不是天生就有的，而是他从身边的环境、周围的人们身上逐渐意识到性别的差异，这个性别意识受社会影响，因此称为社会性别。

● 社会性别指在一定的文化和社会中，由社会构建的性别角色、责任和期望。这些角色、责任和期望源于家庭、朋友、社区、学校、工作场所、广告及媒体，同时也受到风俗、法律、种族等因素影响。

希望以下的故事能帮助你更好地吸收来自"社会性别"的新鲜血液，积累更多的青春财富。

闯关财富库

故事1：婕嫌在幼儿园时喜欢跟男孩一起跑到田野玩烂泥，在草地上翻跟斗。叔叔送她玩具，她最喜欢的是玩具枪，而不是洋娃娃，所以家里人都叫她"假小子"，有时候妈妈会告诉她，女孩要文静点，不能像男孩一样满街疯跑。这种女孩该怎么做，男孩该怎么做，就是社会性别，是社会赋予她的性别意识。

故事2：秦纯上小学时，有一天，妈妈带他逛商场，突然他尿急，于是匆匆忙忙冲向厕所，但是一进厕所，就听到里面女生的尖叫，原来他冲进了女厕所，然后又赶紧撤回跑进了男厕所。这次尴尬的经历让他意识到社会性别好的一方面，可以规范一些社会行为，避免社会秩序混乱，比如男生应该进男厕所，而女生应该进女厕所，这样就可以避免厕所偷窥、猥亵、强奸等犯罪活动。

故事3：辰璋在听了这些分享后明白过来，他所经历的就是社会性别刻板印象所造成的性别偏见。他的这些性格特点，其实不仅仅女生可以拥有，男生也可以拥有，在生理上和其他男生并没有任何区别。同时，他也深刻地意识到，社会对于性别角色有不同的期望，虽然有助于人们更好地相互了解和维持社会秩序，但是也会限制我们的行动，影响我们的兴趣和能力。他决定要克服性别刻板印象或性别偏见，尊重性别平等。

补血三：心理性别

心理性别，又称为性别认同，是指一个人内心确定自己是男性或者女性。一个人性别认同的过程很复杂，这个过程目前还未被完全了解。而性别认同的关键时期，一般认为在五岁以前，而最关键的时期，目前对此界定仍有分歧，有人认为是生命中的第二年，有人认为是三到五岁之间。如果对自己的性别不认同，可能出现性别烦躁（DSM-5），最糟糕的情况可能就是变性，但是这种情况比较罕见。

希望以下的故事能帮助你更好地吸收来自"心理性别"的新鲜血液，积累更多的青春财富。

闯关财富库

故事1：辰璋的父亲是一个典型的中国式父亲，为了家庭努力工作，经常出差在外，导致辰璋很少有和爸爸相处的机会。爸爸在家时对辰璋非常严厉，这导致辰璋非常害怕男性，而辰璋的妈妈则非常温柔，对他非常鼓励与包容。因此，辰璋更加喜欢母亲的陪伴而排斥爸爸。久而久之，辰璋更喜欢女性的身份，而不喜欢男性的身份，性别角色认同一度出现问题。幸好辰璋爸爸意识到了这一问题，尝试改变，用爱去接纳与关心辰璋，帮助辰璋性别角色认同正常化。

故事2：辰璋知道了目前这种情况是社会性别导致的，他清楚自己的生理性别是男性，而心理上也认同自己的男性性别角色，所以学习、生活也更加自信了。

【闯关攻略3-5-2】社会性别刻板印象

闯关补血站

补血一：刻板印象

刻板印象是指人们对某个事物或物体形成的一种概括、固定的看法。虽然可以帮助人们迅速判断事物，节省时间和精力，但忽视了个体差异性，从而导致先入为主的主观判断，造成了对事物的错误认知和错误评价。

补血二：社会性别刻板印象

社会性别刻板印象是指关于男性和女性所拥有的性格、特质和行为的刻板印象，这种刻板印象受文化、环境、法律、风俗影响，也会随着时间的推移和文化的不同而有所变化。这种刻板印象许多都带着性别偏见，影响一个人的发展机会，比如接受教育、职业选择、择偶婚恋、公民参与，进而影响人们的自尊心和安全感。

希望以下的故事能帮助你更好地吸收来自"社会性别刻板印象"的新鲜血液，积累更多的青春财富。

闯关财富库

故事1：婕嫌有一个高大帅气的哥哥，他非常喜欢小孩子，大学毕业后就去了幼儿园当幼师，现在是那所幼儿园最受欢迎的教师。但是当年他高考填志愿要填学前教育时，家人极力反对，认为女孩子才当幼师，一个大男人，当什么幼师。但是婕嫌的哥哥依旧坚定自己的信念，他摒弃了社会性别刻板印象带来的不良影响，最终成了一位非常优秀的幼师。

故事2：婕嫌的爸妈有段时间关系紧张，原因是爸爸在家里几乎不做家务，认为做家务是女人的事，而婕嫌的妈妈认为每个人都需要承担家庭的责任，所以两个人为此争论不休。当婕嫌学习了本任务后，尝试跟爸妈一起沟通，爸爸认识到原来这个是"性别偏见"惹的祸，及时醒悟，改变自己，最终夫妻关系变得和谐。

主题四　人际交往的应对

亲爱的同学们，大家好！欢迎大家来到"我的青春世界之人际交往的应对"世界空间。青春期，人际交往对我们成长的意义越来越重大，如何搭建青春关系网，让我们与身边的同伴、老师、家长能和谐相处，让我们在倍受滋养的关系网中健康成长呢？

在"人际交往的应对"世界空间里，你需要完成 2 个成长任务（图 4-1），学会人际交往。每个成长任务设定了具体的体验闯关活动，你可以通过自己智慧和能力，或借助"闯关攻略"补血和积累财富，完成闯关任务，成功后拿到通关卡。当你逐级闯关并成功获得 2 级通关卡之后，将获得"交往"纪念章，见证你学会成功应对"人际交往"。

交往
任务七　青春沟通密码
任务六　青春关系网络

图 4-1　"人际交往的应对"成长任务

任务六　青春关系网络

本任务设置了 3 个闯关活动，欢迎你来闯关！预祝你闯关成功哦！

活动1　同伴关系

闯关任务书

紫贝来到职校后，新环境让她感觉有点陌生，因为性格内向，平时和同学交往较少，她感觉很孤单，内心渴望交友，但不知从何着手，为此她很苦恼。

同时，宿舍有几个室友家庭条件好，有时会攀比，自己穿得普通、用得节俭，有时会遭受同宿舍同学嘲笑，她感觉非常有压力。

"同伴关系"闯关目标如图4-2所示。

应对同伴压力
了解同伴交往

图 4-2　"同伴关系"闯关目标

【闯关活动1】青春期人际交往模式发生变化，同伴交往尤其重要，友谊的需要随之增强。紫贝遇到同伴交往困难和挑战，请你帮助紫贝想想办法。

第1步：对于紫贝现在的交友现状，你怎么看？请写下你的看法，并找伙伴分享交流。

第2步：朋友是相互的，请你和身边的伙伴交流一下自己交友经验，分享自己增进友谊的有效做法。

第3步：如果想要有很好的同伴关系，请跳转至本书第60页，打开【闯关攻略4-6-1】去补血和积累财富，然后再返回修改完善怎样 才有好人缘。

恭喜你成功闯过第 1 关哦!
感谢你运用自己的智慧帮助紫贝增进同伴关系,为你点赞!

【闯关活动 2】紫贝在和同学相处过程中感受到来自同伴的压力,给他交友带来较大的困难和压力,影响他的正常人际交往。请你帮助紫贝想想应对同伴压力的方法。

第 1 步:请你回想一下我们日常生活中的交友情景,把你所感觉到的朋友(同伴)之间的影响或压力列出来。然后找伙伴相互分享一下这些影响和压力带给自己生活学习的改变。

_____

第 2 步:请你回想一下,日常生活中,你是怎样有效面对和应对同伴压力的?

_____

第 3 步:想要更好面对和有效应对同伴压力,请跳转至第 61 页,打开【闯关攻略 4-6-2】去补血和积累财富。请在下面横线上写出你补血和积累财富成功后,有哪些新的想法。

谢谢你的分享,长见识啦!
恭喜你通过自己的智慧和努力连续闯过 2 关,顺利通过活动 1"同伴关系",成功进阶。
祝贺你成功获得通关卡!

闯关交流群

亲爱的同学,当你"同伴关系"闯关成功后,相信你一定有许多宝贵的想法,想要和你的小伙伴们分享吧。现在邀请你进入"闯关交流群",尽情地分享吧!

置顶留言

1. 朋友对每个人都很重要,要学会交流技能、倾听和理解他人的技能,团结协作和共同承担责任。

2. 朋友是相互的,在和同伴交往过程中相互尊重、学相互理解、相互信任、相互关心、相互负责。

3. 面对同伴压力时,树立对自己和他人负责的态度,遵从自己的内心,将生活的主动权牢牢掌握在自己手里。

亲爱的同学,现在你可以凭借通关卡,带着图4-3中积累的血量和财富,信心满满地进入活动2"异性关系"继续闯关吧!

■ 我补充的血量有:

■ 我获得的财富有:

■ 我的新想法是:

图4-3 积累的血量和财富

【闯关攻略 4-6-1】同伴关系

闯关补血站

补血一：青春期的同伴关系

同伴关系主要指同龄人间或心理发展水平相当的个体间在交往过程中建立和发展起来的一种人际关系。

补血二：同伴交往的意义

同伴交往是个性发展与人格健全的必经之路（图 4-4）。

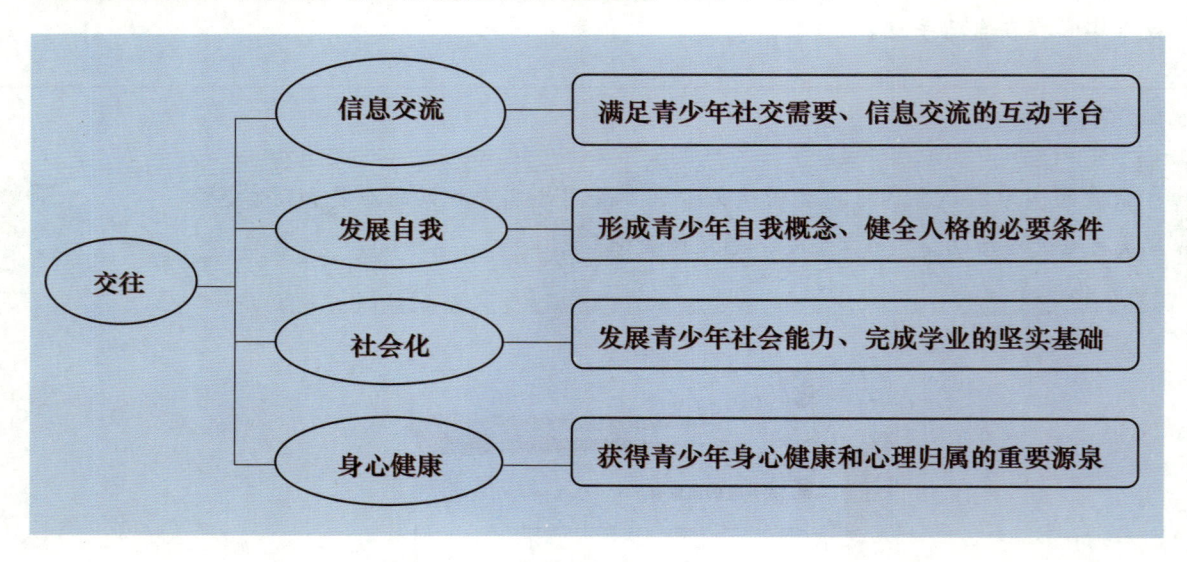

交往
- 信息交流 —— 满足青少年社交需要、信息交流的互动平台
- 发展自我 —— 形成青少年自我概念、健全人格的必要条件
- 社会化 —— 发展青少年社会能力、完成学业的坚实基础
- 身心健康 —— 获得青少年身心健康和心理归属的重要源泉

图 4-4　同伴交往

补血三：同伴交往的原则

朋友是相互的，我们的某些行为可以维护朋友间的友谊，也可以损害友谊。通常认为可以增进友谊的做法如图 4-5 所示。

主题四 人际交往的应对

交往原则		
	尊重他人	包括尊重与自己意见或看法不同的人
	以诚相待	人与人的交往最重要的是真诚和善意
	有责任心	包括对自己负责和对他人负责任
	理解他人	设身处地站在对方的角度看问题
	互相信任	证明自己是可以依赖的，同时信任朋友
	关爱他人	包括关心他人的感觉与需要等

图 4-5 同伴交往原则

闯关财富库

故事 1：紫贝性格内向，害怕和陌生朋友说话、交往，感觉很孤单，内心渴望交朋友，很苦恼。同学婕嫌看到后，主动来帮助紫贝，告诉她与同学交往不要太"羞怯"，要增强自信，不计较别人的议论，多加强交往锻炼。同时，和同学交往不要"自私"，习惯以自我为中心，要多考虑别人想法和感受，不过于计较。

故事 2：紫贝对室友穿名牌心里特别不舒服，有点"嫉妒"，觉得室友爱表现；同时觉得室友家庭条件好，于是说话挑刺，产生"猜疑"心，认为大家都排挤自己、嫌弃自己。婕嫌和紫贝一同客观看问题，虽然紫贝不能穿名牌，但是可以在其他方面比如学业、才艺等其他方面与人比较；同时换位思考就不会"猜疑"室友，打开心扉，和大家一起真诚沟通交流，并制定明确可行的发展目标，认真踏实地去做。

【闯关攻略 4-6-2】应对同伴压力

闯关补血站

补血一：同伴压力

同伴压力指的是因为渴望被同伴接纳、认可、肯定，为了避免被排挤，于是选择违

61

背自己的意愿所产生的心理压力（图 4-6）。

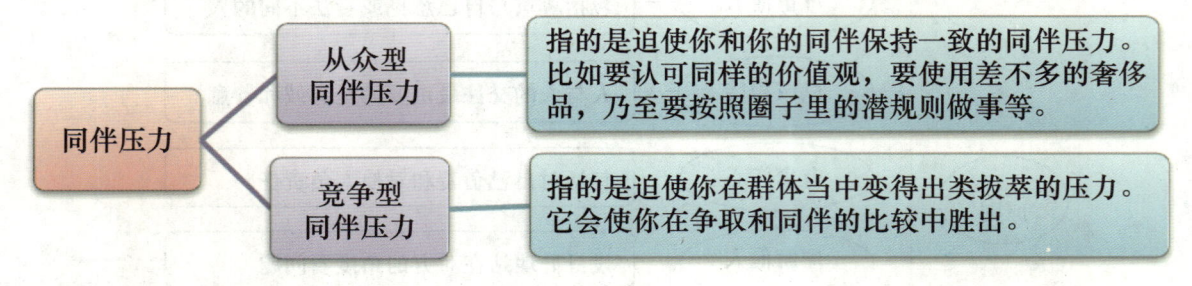

```
同伴压力 ┬─ 从众型同伴压力 ── 指的是迫使你和你的同伴保持一致的同伴压力。比如要认可同样的价值观，要使用差不多的奢侈品，乃至要按照圈子里的潜规则做事等。
         └─ 竞争型同伴压力 ── 指的是迫使你在群体当中变得出类拔萃的压力。它会使你在争取和同伴的比较中胜出。
```

图 4-6　同伴压力

补血二：同伴压力的影响因素

消极的同伴压力，会让青少年更容易屈服于同伴压力，这些因素如图 4-7 所示。

消极同伴压力的影响因素：自尊心强、缺乏自信、角色不清、无健康爱好、缺乏人生方向、与家人关系生疏、饮食作息不规律、无牢固的朋友关系、猜忌怀疑朋友。

图 4-7　消极的同伴压力

补血三：同伴压力应对策略（图 4-8）

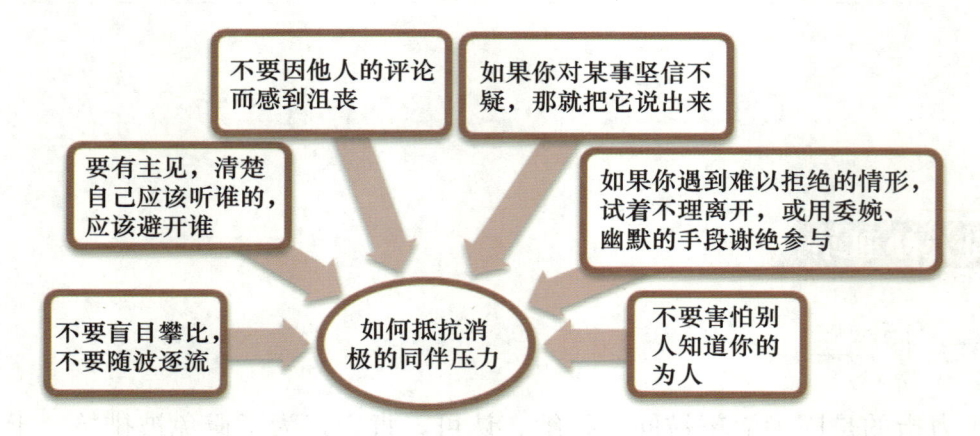

如何抵抗消极的同伴压力：
- 不要因他人的评论而感到沮丧
- 如果你对某事坚信不疑，那就把它说出来
- 要有主见，清楚自己应该听谁的，应该避开谁
- 如果你遇到难以拒绝的情形，试着不理离开，或用委婉、幽默的手段谢绝参与
- 不要盲目攀比，不要随波逐流
- 不要害怕别人知道你的为人

图 4-8　同伴压力应对策略

闯关财富库

故事：班主任了解情况后找紫贝及室友开寝室会议，和大家一起协商如何营造和谐寝室氛围，友好相处，大家都表示会相互帮助，和谐相处。之后，班主任又单独找紫贝谈心，和她一起协商应对室友攀比和嘲笑带来的压力。

紫贝觉得最重要的是改变自己的心态，尝试把同伴压力当作自我提升的机会，利用同伴压力敦促自己加强学习。之后，紫贝还尝试心平气和地和室友真诚地表达自己的想法，告诉大家自己的家庭状况，提出自己的请求，得到室友理解和支持。

之后，紫贝有时还会受到其他人的排挤和嫌弃，但她坚守自己原则，坚持做自己认为对的事情。没有为了让同伴接受，而违背自己的意愿，做自己不太认可的事情，树立对自己和他人负责任的态度。紫贝的做法得到班主任的肯定和表扬。

活动 2　异性关系

闯关任务书

婕嫌和秦纯相处过程中，发现秦纯学习成绩棒，活泼开朗，还很幽默，就想引起他的注意。慢慢地，他们在一起谈天说地，后来他们每天几乎都要发微信、聊语音。再后来，他们每天"形影不离"。有些同学开始在背后议论他们在"谈恋爱"。婕嫌的妈妈知道后，非常担心，强烈反对他们俩交往。因此，婕嫌内心非常苦恼。

"异性关系"闯关目标如图4-9所示。

把握异性交往原则
了解异性交往

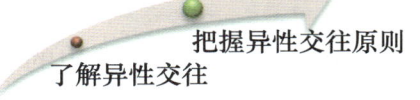

图4-9　"异性关系"闯关目标

【闯关活动1】青春期异性交往是正常的，但处理不当会带来困扰和误解，请你来帮助秦纯和婕嫌探讨异性交往问题。

第1步：对于秦纯和婕嫌的交往，你是怎么看的？请写下你的看法，并找伙伴分享交流。

第2步：请你想一想日常生活中，异性交往有哪些积极和消极的影响。

第3步：如果你想更多地了解异性交往，请跳转至本书第66页，打开【闯关攻略4-6-3】去补血和积累财富，然后再返回修改认识这个阶段的自己。

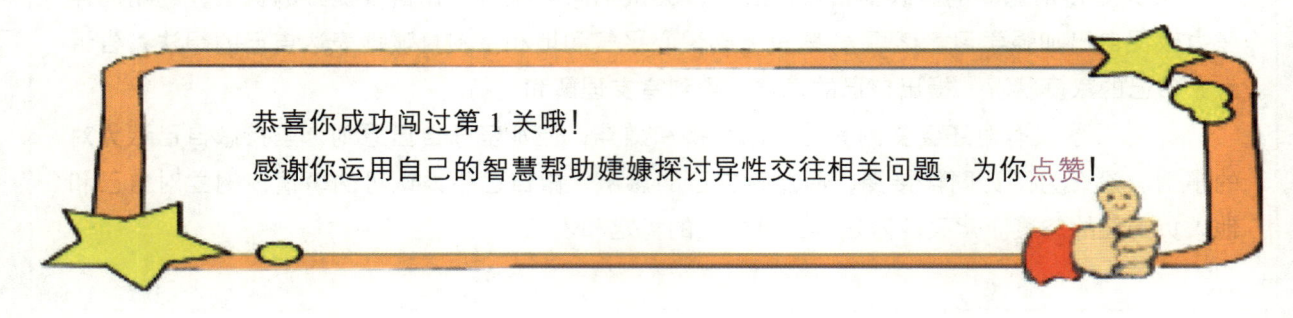

恭喜你成功闯过第1关哦！
感谢你运用自己的智慧帮助婕嫌探讨异性交往相关问题，为你点赞！

【闯关活动2】请你帮助秦纯和婕嫌把握异性交往的准则和尺度，避免误解和困扰的产生。

第1步：请你想象一下我们的日常生活，正常的异性交往是怎样的？

第2步：请你找身边的小伙伴先相互分享一下自己的想法，怎么样才能做到正常交往，而不产生误解？

第3步：如果想更多地了解异性之间的交往，请跳转至本书第67页，打开【闯关攻略4-6-4】去补血和积累财富。请在下面横线上写出你补血和积累财富成功后，有哪些新的想法。

主题四　人际交往的应对

谢谢你的分享，长见识啦！

恭喜你通过自己的智慧和努力连续闯过 2 关，顺利通过活动 2 "异性关系"，成功进阶。

祝贺你成功获得通关卡！

闯关交流群

亲爱的同学，当你"异性关系"闯关成功后，相信你一定有许多宝贵的想法，想要和你的小伙伴们分享吧。现在邀请你进入"闯关交流群"，尽情地分享吧！

置顶留言

1. 进入青春期后，关注并渴望异性交往是正常、自然的事情。
2. 充分发挥异性交往的优势，相互促进，共同成长。
3. 异性交往过程中，想要保持友谊长久，需要做到自尊自爱、相互尊重，自然适度。

亲爱的同学，现在你可以凭借通关卡，带着图 4-10 中积累的血量和财富，信心满满地继续闯关活动 3 "亲子关系"吧！

■ 我补充的血量有：

■ 我获得的财富有：

■ 我的新想法是：

图 4-10　积累的血量和财富

65

【闯关攻略 4-6-3】青春期异性交往

闯关补血站

补血一：青春期的性心理发展四个阶段（图 4-11）

青春期的性心理发展：

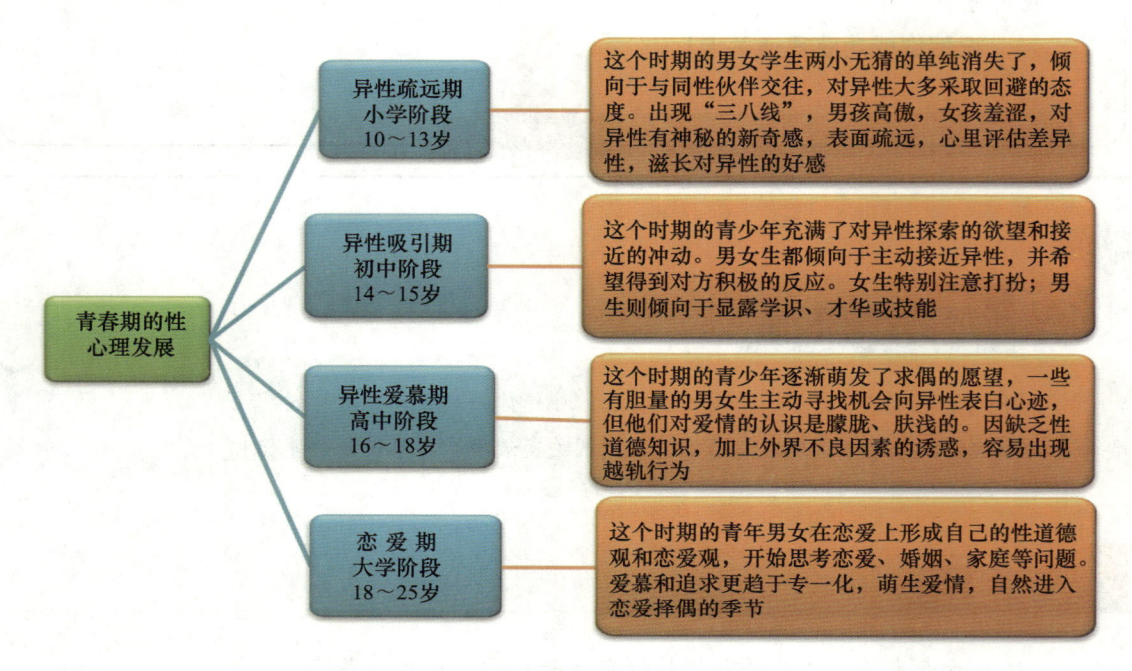

- **异性疏远期 小学阶段 10～13岁**：这个时期的男女学生两小无猜的单纯消失了，倾向于与同性伙伴交往，对异性大多采取回避的态度。出现"三八线"，男孩高傲，女孩羞涩，对异性有神秘的新奇感，表面疏远，心里评估差异性，滋长对异性的好感

- **异性吸引期 初中阶段 14～15岁**：这个时期的青少年充满了对异性探索的欲望和接近的冲动。男女生都倾向于主动接近异性，并希望得到对方积极的反应。女生特别注意打扮；男生则倾向于显露学识、才华或技能

- **异性爱慕期 高中阶段 16～18岁**：这个时期的青少年逐渐萌发了求偶的愿望，一些有胆量的男女生主动寻找机会向异性表白心迹，但他们对爱情的认识是朦胧、肤浅的。因缺乏性道德知识，加上外界不良因素的诱惑，容易出现越轨行为

- **恋爱期 大学阶段 18～25岁**：这个时期的青年男女在恋爱上形成自己的性道德观和恋爱观，开始思考恋爱、婚姻、家庭等问题。爱慕和追求更趋于专一化，萌生爱情，自然进入恋爱择偶的季节

图 4-11　青春期的性心理发展四个阶段

补血二：异性交往的意义（图 4-12）

1. 有利于在智力上取长补短。男女智力虽没有高低之分，却有类型之分。女性擅长具体形象思维，男性擅长抽象逻辑思维。

2. 有利于在情感上互相交流。异性健康交往可满足青少年的心理需求，增进情感交流，能够获得心理上的满足，达到心理平衡。

3. 有利于在个性上互相丰富。不仅有同性朋友且有异性朋友的人，性格相对来说比较豁达、开朗，体验比较丰富，意志比较坚强。

4. 有利于处理人际关系。只有具备了在正常气氛中与异性交往的经验，才可进行比较、鉴别，逐步掌握友谊与爱情的区别。

5. 有利于在活动中互相激励。"异性效应"可以让异性间心理接近的需要得到满足，会使人获得不同程度的愉悦感，激发内在的积极性和创造力。

图 4-12　异性交往的意义

希望以下的故事能帮助你更好地吸收来自"异性交往的态度"的新鲜血液，积累更多的青春财富。

闯关财富库

故事：婕嫌刚开始和秦纯交往时，心里渴望和秦纯多接触、多说话，但当她和秦纯说话时又会脸红，感觉很困扰。于是，找好友皎钰诉苦，皎钰听后，告诉婕嫌：异性交往很正常，也很重要。异性交往注意言语、表情、行为举止、情感流露及所思所想，态度做到自然、顺畅，既不过分夸张，也不闪烁其词，既不盲目冲动，也不矫揉造作，像与同性交往那样就好。婕嫌很受启发。

之后，婕嫌和秦纯两人大大方方和其他同学一起上学下学、看电影、观画展、逛书店，相处很愉快。

【闯关攻略 4-6-4】异性交往的原则

闯关补血站

补血一：异性交往锦囊（图 4-13）

交往范围广泛多维　交往场合公开群体　交往态度真诚信任　交往方式自然大方　交往过程欣赏接纳

图 4-13　异性交往的锦囊

希望以下的故事能帮助你更好地吸收来自"异性交往原则"的新鲜血液，积累更多的青春财富。

闯关财富库

故事：秦纯和婕嫌每天发微信、打电话聊天，参加活动"出双入对"，引起同学的讨论，造成误会。班主任相信他们是正常的异性交往，提醒他们说：为避免误会产生，要在公众场合多和班级一起活动，尽量减少单独活动。如果有人抱着谈情说爱为目的约会，要果断地、真诚地表明自己的态度，把握好交往尺度，保持正常的异性交往，维持长久的友谊。秦纯和婕嫌表示赞同，他们表示会为长久友谊而做好自己。

活动 3　亲子关系

闯关任务书

婕嫌想去和好朋友玩，妈妈担心她遇上坏人，不同意她去。但婕嫌觉得妈妈这种担心是多余的，执意要去，母女俩为此发生了争吵。

她生气地对妈妈大吼："你太自私了，只想着你自己的感受，再这样，我就连学都不去上了。我好朋友的妈妈不但尊重他，还陪他一起出玩。我真是倒霉，摊上了你这样的妈妈。"

妈妈听了很伤心，母女俩僵持着。婕嫌心里很难过，她知道吼妈妈是不对的，但心想如果不是妈妈这么过分，自己也不会这样。

【闯关活动 1】请你帮助忙分析：婕嫌和妈妈之间的沟通存在哪些问题，并说明理由。

"亲子关系"闯关目标如图 4-14 所示。

学会双向沟通
觉察亲子沟通问题

图 4-14　"亲子关系"闯关目标

第 1 步：请写下你觉察到的婕嫌和妈妈之间沟通存在的问题并说明理由。

_____

第 2 步：请找身边的同学，谈谈自己的想法，听听对方的想法。印象深刻的想法，收藏一下。

_____

第3步：请跳转至本书第70页，打开【闯关攻略4-6-5】去补血和积累财富，然后再返回修改完善你的确认结果及确认理由。

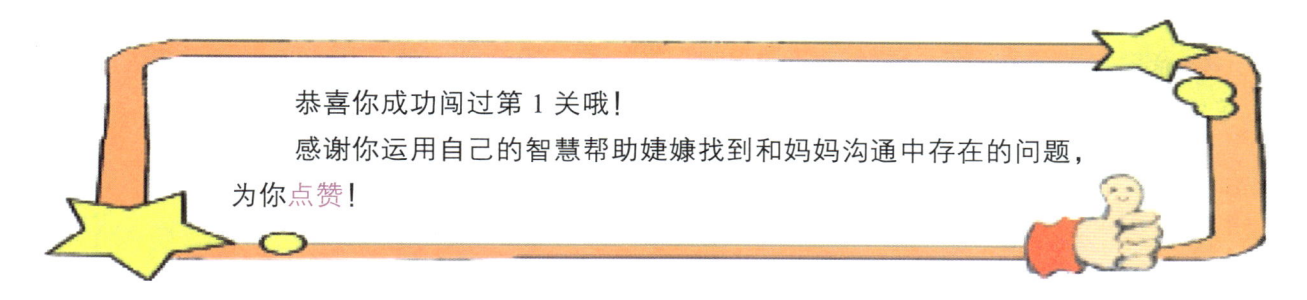

恭喜你成功闯过第1关哦！
感谢你运用自己的智慧帮助婕嫌找到和妈妈沟通中存在的问题，为你点赞！

【闯关活动2】婕嫌想与妈妈更好地沟通，但又不知道具体怎么做，请你帮忙指点一下。

第1步：请你用语言描述或情景编写的形式表达出你认为有效的双向沟通方式。

第2步：请你找身边的父母相处融洽的小伙伴先相互分享一下自己的想法。印象深刻的想法，收藏一下。

第3步：如果想要了解如何实现良好的亲子沟通，请跳转至本书第72页，打开【闯关攻略4-6-6】去补血和积累财富。请在下面横线上写出你补血和积累财富成功后，你又有哪些新的想法。

谢谢你的分享，长见识啦！
恭喜你通过自己的智慧和努力连续闯过2关，顺利通过活动3"亲子关系"，成功进阶。
祝贺你成功获得通关卡！

通关卡

我的青春世界——中职生青春健康教育

闯关交流群

亲爱的同学，当你"亲子关系"闯关成功后，相信你一定有许多宝贵的想法，想要和你的小伙伴们分享吧。现在邀请你进入"闯关交流群"，尽情地分享吧！

置顶留言

1. 良好的亲子关系是沟通的保障。
2. 相互尊重、信任、理解是良好亲子沟通的基石。
3. 相信父母都是爱孩子的，不管发生什么，都会与孩子一起面对。

亲爱的同学，现在你可以凭借通关卡，带着图4-15中积累的血量和财富，信心满满地进入任务七"青春沟通密码"继续闯关吧！

■ 我补充的血量有：

■ 我获得的财富有：

■ 我的新想法是：

图4-15 积累的血量和财富

【闯关攻略4-6-5】影响亲子关系的因素

闯关补血站

补血：影响亲子关系的因素（图4-16）

在实际生活中，由于某些不恰当的因素，会导致对话一方忽视感受和需求，让另一方感到受伤害以至于越发疏远。

1.道德评判
- 人们常以自己的道德标准来评价他人，只要是不符合自己价值观的，就会进行批判，也可以称之为"道德绑架"

2.相互比较
- 虽然我们常说"没有比较就没有伤害"，但比较无处不在。

3.强人所难
- 在生活中我们总会不自觉地"强人所难"，或者暗含威胁："如果你再这样，我就怎么样"。

4.回避责任
- 人们常会逃避这种责任，将一些事看作"别人逼迫之下不得不做的""是受他人行为的影响"。

图 4-16　影响亲子关系的因素

希望以下案例能帮助你更好地吸收来自"影响亲子关系的因素"的新鲜血液，积累更多的青春财富。

闯关财富库

故事：婕嫌的妈妈因为担心婕嫌过度使用手机，影响学习成绩，干脆没收了手机。婕嫌觉得妈妈太自私了，只顾及自己的感受而不关心且不尊重自己的需求，觉得很受伤。婕嫌对妈妈说："再这样，我就连学都不去上了。"想用不上学来威胁妈妈。但妈妈也毫不示弱，说："不上学，也别想用手机。"两人越说情绪越激动。

婕嫌的爸爸感觉情况不妙，劝解说："两人带着情绪解决问题，问题没有解决，亲子关系受到影响。每个人都有自己的想法，想要解决问题，就坐下来一起商量，好吗？"在爸爸的主持下，召开家庭会议，三人一起商量解决问题的方法。

【闯关攻略 4-6-6】建立良好亲子关系

闯关补血站

补血：建立良好亲子关系的技巧（图 4-17）

第一个技巧是区分观察和评论
- 观察是实现非暴力沟通的第一个要素，即观察正在发生的事情，并得出结果。

第二个技巧是体会和表达自己的感受
- 要想要准确地表达自己的体会，我们需要多学一些表达感受的词汇。

第三个技巧是学会表达自己的需要、愿望和期待
- 要清楚地说出自己的需求，说得越清楚、越具体，这样他人才越明白我们想要什么，从而做出正确的回应。

第四个技巧是提出自己的请求
- 请求越具体，别人越能明白你需要他们做什么。发出请求时尽量直接说出"我想要什么"，而不是"希望他人不做什么"。

图 4-17　建立良好亲子关系的技巧

希望以下的释义能帮助你更好地吸收来自"建立良好亲子关系"的新鲜血液，积累更多的青春财富。

闯关财富库

故事：家庭会议之后，手机问题还是没有得出令大家都满意的方案。

婕嫌在心理课上学习了沟通技巧，她觉得可以尝试用来帮助解决手机问题。回家后，她试着跟妈妈说："因为担心我，你制止了我去和朋友见面，还把我的手机也藏起来了。"妈妈听了后，神态缓和多了。接着，她尝试表达自己感受说："妈妈，你这样做我真的好难受。"妈妈感受到了她明确地表达出的感受，开始理解她了。婕嫌接着说："我希望能自己做决定，同时也需要妈妈您的支持。"妈妈听了后，思考了一番，想着孩子是要学会自己做决定，同意了她的说法。最后，婕嫌跟妈妈提出自己的请求："请你耐心地和我聊聊怎么样既能和朋友见面，又能保护自己。"

妈妈的情绪逐渐地安定下来。并和婕嫌一起讨论怎么样更好地保护自己。婕嫌对自己能更好地和妈妈沟通而心里暗暗高兴。

主题四　人际交往的应对

任务七　青春沟通密码

本任务设置了 3 个闯关活动，欢迎你来闯关！预祝你闯关成功哦！

活动 1　倾听的力量

闯关任务书

　　婕嫌和妈妈关系紧张的那段时间，妈妈挺焦虑的，一时之间心烦睡不着。婕嫌通过学习建立青春关系网的课程，知道要倾听妈妈的烦恼，才更可能让妈妈安心，更可能得到妈妈的理解。但当妈妈说出她的担心时，她急着想改变妈妈的想法，于是，在听妈妈唠叨时忍不住打断："妈，你怎么总这样啊？你是因为太焦虑了，我告诉过你不用担心我，你怎么就不听呢？你要理解我、相信我、支持我！"但妈妈好像更恼火了。为此，她也挺困惑的。放学路上，她就向同学秦纯倾诉，秦纯还没听她说完，就着急地打断了她："天啊，你怎么这样？你要理解你妈、相信你妈、心疼你妈。"婕嫌这时，只觉得被堵得心里闷闷的，也不知道要怎么说下去了。不过，熟悉的话语让她想到自己倾听妈妈时的情景。她好像明白了一点什么。

【闯关活动 1】婕嫌在倾听妈妈倾诉以及被同学秦纯倾听时，请你帮助她分析一下，是哪些因素影响了她们的沟通效果。

"倾听的力量"闯关目标如图 4-18 所示。

拥有倾听的力量
分析影响倾听的因素

图 4-18　"倾听的力量"闯关目标

第 1 步：请写下在以上故事中你认为影响她们沟通效果的因素。

第 2 步：请找你身边你认为比较善于倾听的同学，谈谈自己的想法，听听对方的想法。印象深刻的想法，收藏一下。

73

第3步：如果你想了解影响倾听的因素。请跳转至本书第75页，打开【闯关攻略4-7-1】去补血和积累财富，然后再返回修改完善你的确认结果及确认理由。

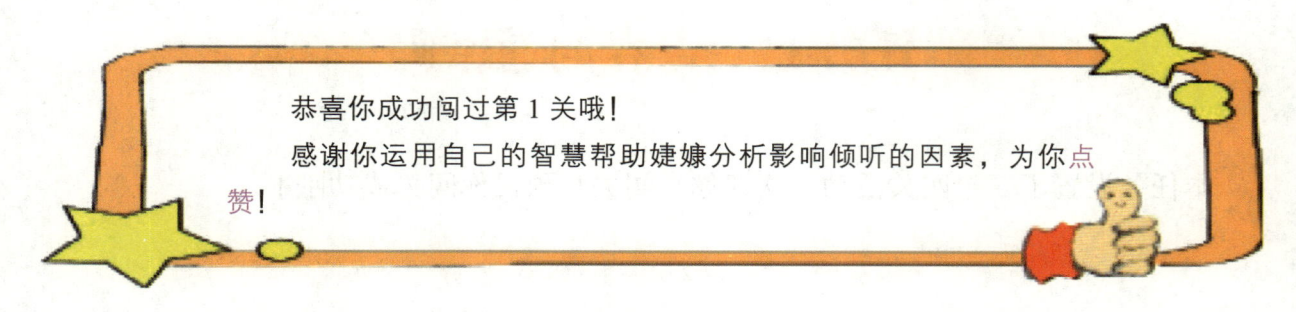

恭喜你成功闯过第1关哦！
感谢你运用自己的智慧帮助婕嫌分析影响倾听的因素，为你点赞！

【闯关活动2】要想发挥倾听的力量，婕嫌要怎么做呢？

第1步：请你用语言描述或情景编写的形式表达出你认为有效的倾听方式。

第2步：请你找身边的小伙伴先相互分享一下自己的想法并尝试去倾听。印象深刻的想法和实践感受，收藏一下。

第3步：如果想要拥有倾听的力量，请跳转至本书第76页，打开【闯关攻略4-7-2】去补血和积累财富。请在下面横线上写出你补血和积累财富成功后，你又有哪些新的想法。

谢谢你的分享，长见识啦！
恭喜你通过自己的智慧和努力连续闯过2关，顺利通过本任务的活动1"倾听的力量"，成功进阶。
祝贺你成功获得通关卡！

闯关交流群

亲爱的同学,当你"倾听的力量"闯关成功后,相信你一定有许多宝贵的想法,想要和你的小伙伴们分享吧。现在邀请你进入"闯关交流群",尽情地分享吧!

置顶留言

1. 学会倾听比不停地说更重要。
2. 积极倾听有助于打开交流的渠道。
3. 倾听要以尊重和接纳为前提。
4. 倾听要有确认性的反应。
5. 倾听是传递爱和支持的力量,而不是控制对方。

- 我补充的血量有:
- 我获得的财富有:
- 我的新想法是:

亲爱的同学,现在你可以凭借通关卡,带着图4-19中积累的血量和财富,信心满满地进入活动2"表达的魅力"继续闯关吧!

图4-19 积累的血量和财富

【闯关攻略4-7-1】影响倾听的因素

闯关补血站

补血一:影响倾听的因素(图4-20)

为什么在沟通中,我们不能说到对方的心里呢?那是因为我们不善于倾听,或者说，我们虽然意识到倾听的重要性，但我们却没有真正在行为上为语言做到倾听。

第一，不会共情
- 不能站在对方的角度，真正设身处地去体会对方的感受、想法、需求。
- 只是关注自己的感受、想法和需求，只是急于想控制和改变对方。

第二，打断
- 没有耐心听对方讲完，就打断了对方的倾诉，或是提问、责怪、建议去打乱对方的思绪，打击对方倾诉的积极性。

第三，否定
- 否定对方的感受、想法和需求。
- 对方说难过，你说别难过，对方说烦，你说别烦，对方说紧张，你说别紧张……
- 事实上，这么做只会让对方觉得他不被接纳，只有让对方充分地表达感受，或是你对对方感受的理解，对方会欣慰和感激，更容易敞开心扉做更深入的思考。

第四，解释
- 对方想要怎样但没有达成的时候，我们一般去和对方解释为什么没有达成。
- 解释常常让对方沮丧。

图 4-20 影响倾听的因素：倾听过程中可能会"添堵"的"坑"

闯关财富库

故事：婕嫌妈妈跟婕嫌说出她对手机的担心时，婕嫌觉得妈妈是站在自己的角度担心焦虑而不顾自己的感受，急着想改变妈妈的想法。在听妈妈唠叨时忍不住打断，跟妈妈解释："……你是因为太焦虑了，我告诉过你不用担心我，你怎么就不听呢？……"还抱怨妈妈说："妈，你怎么总这样啊？……你要理解我、相信我、支持我！"结果两人越谈越生气。

后来，婕嫌向同学秦纯倾诉时，秦纯也没听完她的诉说就打断了，没有共情来体会她的感受，并对婕嫌说："天啊，你怎么这样？你要理解你妈、相信你妈、心疼你妈。"否定了婕嫌的行为和言语。婕嫌这时才体会到了妈妈的感受，她觉得自己先要耐心倾听妈妈的话，然后再表达自己的想法，可能会帮助自己达成心愿。

【闯关攻略 4-7-2】拥有倾听的力量

闯关补血站

补血一：积极倾听（图 4-21）

在日常沟通中，学会倾听比一味地说更重要。倾听有助于打开交流的渠道，建立亲密关系，让我们能更好地理解对方的想法和问题。

1. 以尊重、接纳为前提的倾听
- 有"想听""耐心听""不带主观判断地听"的真情实感与态度。
- 心里想听对方说，不打断、不否定对方说话，让对方说完。
- 客观地、设身处地地听，避免"先入为主"，要接纳对方的情绪。

2. 有"确认反应"的倾听
- 用身体语言和"共情"式回应
- 设身处地地体验对方的感受、想法和需求，包括协助对方说下去、不急于下结论、表情与动作反应等。
- 有目光交流，多用接纳性语言。

3. 印证式倾听
- 当对方说完后，不要急于给出主观判断的解释。
- 可以以尝试总结的方式给对方反馈，并提问，以确证自己正确理解了对方的问题。
- 可以回应"你的意思是说……""我理解……是吗？""听起来你……是这样吗？"

图 4-21　积极倾听方式

补血二：使用"积极倾听"时注意事项（图 4-22）

1. 当对方有沟通需求时，是倾听的最佳时机。

2. 我们自己情绪稳定时倾听效果更好。

3. 我们要接受开始倾听时的"不习惯的感觉"，多多刻意练习才能拥有并发挥倾听的力量。

4. 倾听是传递爱和支持的力量，而不是控制或改变对方。

温馨提示
- 倾听是高水平的沟通技能，需要在平时的沟通交流中多多练习。
- 父母的唠叨和担心，正是因为爱我们，而通过倾听去理解和接纳父母，正是我们向父母表达爱的适宜方式。

图 4-22　使用"积极倾听"时的注意事项

希望以下的释义能帮助你更好地吸收来自"积极倾听"的新鲜血液，积累更多的青春财富。

闯关财富库

释义1（以尊重、接纳为前提的倾听）：当妈妈倾诉她的担心时，婕嫌不要急着想改变妈妈的想法，而是体会和感受妈妈的担心和对自己的关爱，体会妈妈的种种不容易，尊重、感恩、接纳妈妈的焦虑情绪和想要求得安心等需求。不要打断和否定妈妈的表达。

释义2（有"确认反应"的倾听）：当妈妈说出她的担心时，可以婕嫌说："嗯。""噢。""是这样啊！""妈妈，你很担心。""我听了也觉得不安。"……包括身体姿势上，眼神专注，身体向妈妈的方向稍稍前倾。

释义3（印证式倾听）：当妈妈说完后，婕嫌不要急于给出主观判断的解释，可以以尝试总结的方式给妈妈反馈，并提问，以确证自己正确理解了对方的问题。可以回应"你的意思是说我如果去见网友，你会担心我有危险，你提醒我之后，我又一下子不能接受，所以你就很着急，对吗？""听起来你是不想让我受到一点点伤害，是这样吗？""你想更快地解决问题，你会觉得轻松，所以就没有来得及考虑到我的想法，对吧？"

释义4（使用"倾听的力量"时注意）：当妈妈"唠叨"的时候，是耐心倾听的最佳时期。但有时，大人的"唠叨"中就会暗含一些否定、指责或命令，也会让我们产生情绪，可以通过深呼吸，还有自我暗示"大人是在关心我""大人也有情绪""我对自己有信心"，或是暂时离开冲突现场的方式来调整情绪，等情绪稳定时，再倾听对方。

活动2　表达的魅力

闯关任务书

婕嫌担任寝室长，她认真负责，想要带领室友营造温馨的寝室环境，争创优秀寝室。于是，她排好值日表，让大家轮流值日。

刚开始时，大家都答应支持寝室长的安排。可有一天，寝室因为地面不干净被扣分了。班主任让婕嫌来负责处理这个事情。

"表达的魅力"闯关目标如图4-23所示。

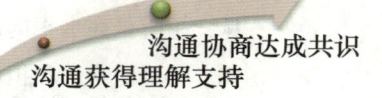

沟通协商达成共识
沟通获得理解支持

图4-23　"表达的魅力"闯关目标

【闯关活动1】请你帮婕嫌想想，她如何向大家询问此事。

主题四　人际交往的应对

第1步：请写下如果你是寝室长，你会如何与大家沟通，处理此事。

第2步：请你找小组伙伴相互分享沟通方法，相互进行探讨，也可以模拟体验情境。

第3步：如果想要了解更多沟通提问相关知识和技能，请跳转至本书第81页，打开【闯关攻略4-7-3】去补血和积累财富，然后再返回修改完善你的处理方案。请在下面横线上写出你补血和积累财富成功后，你又有哪些新的想法。

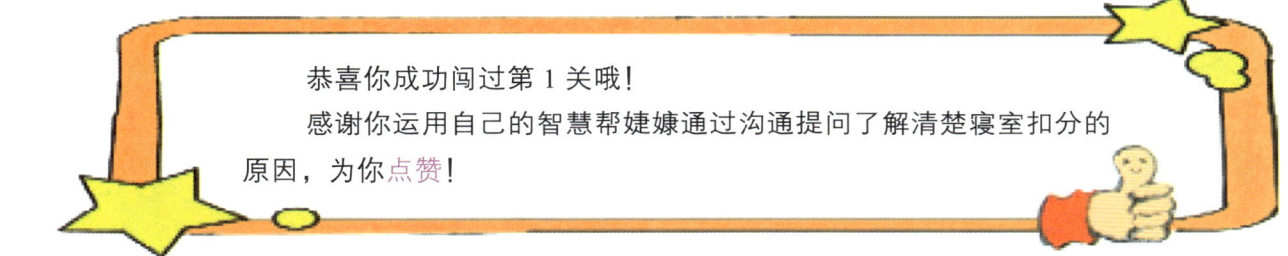

恭喜你成功闯过第1关哦！
感谢你运用自己的智慧帮婕嫌通过沟通提问了解清楚寝室扣分的原因，为你点赞！

【闯关活动2】婕嫌终于搞清楚了扣分的来龙去脉：当天负责扫地的值日生是紫贝，她吃好晚饭回寝室扫好地后，就回教室自习了。可之后，练好舞蹈的皎钰回到寝室吃零食，有些残渣掉在地上，她以为值日生会打扫，吃好就走了。婕嫌感觉很为难，请你帮助她沟通处理此事。

第1步：请你分享一下遇到类似事情，你会跟两位室友怎么说，说些什么。

第2步：请你找小组伙伴分享你的表达方法。听听其他人的想法，并进行探讨，也可以模拟体验情境，相互练一练如何表达。

79

第 3 步：如果想要了解更多沟通对话相关知识和技能，请跳转至本书第 82 页，打开【闯关攻略 4-7-4】去补血和积累财富，然后再返回修改完善你的处理方案。请在下面横线上写出你补血和积累财富成功后，又有哪些新的想法。

_____

_____

> **You Win**
>
> 谢谢你的分享，长见识啦！
> 恭喜你通过自己的智慧和努力连续闯过 2 关，顺利通过本任务的活动 2 "表达的魅力"，成功进阶。
> 祝贺你成功获得通关卡！

闯关交流群

亲爱的同学，当你成功闯过"表达的魅力"这一关后，相信你一定有许多宝贵的想法，想要和你的小伙伴们分享吧。现在邀请你进入"闯关交流群"，尽情地分享吧！

置顶留言

1. 表达是有方法的，良言一句三冬暖，恶语一句十月寒。
2. 每个人都值得尊重，每个人都有自己的优势，每个人都需要被尊重。
3. 表达的核心是相互尊重，既尊重自己，也尊重对方。
4. "耐心倾听"是尊重他人，"真诚表达"是尊重自己。

主题四 人际交往的应对

亲爱的同学，现在你可以凭借通关卡，带着图4-24中积累的血量和财富，信心满满地进入活动3"共赢的智慧"继续闯关吧！

■ 我补充的血量有：

■ 我获得的财富有：

■ 我的新想法是：

图4-24　积累的血量和财富

【闯关攻略4-7-3】沟通提问

闯关补血站

补血一：提问的类型（图4-25）

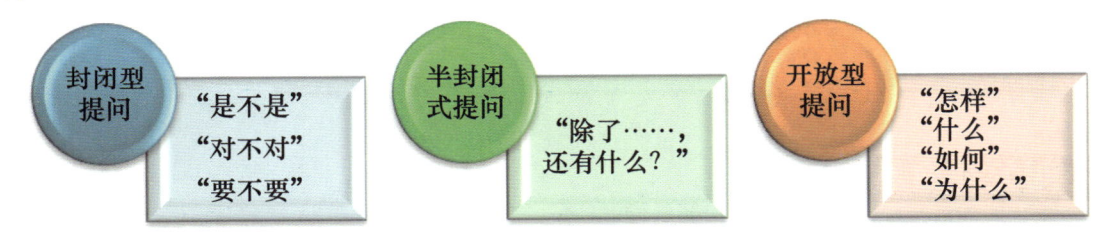

封闭型提问　"是不是" "对不对" "要不要"

半封闭式提问　"除了……，还有什么？"

开放型提问　"怎样" "什么" "如何" "为什么"

✓ "你愿不愿意告诉我发生了什么？"
✓ "关于这件事，你怎么想？"
✓ "为解决这个问题？咱们可以做些什么？"

图4-25　提问的类型

补血二：提问的技巧（图4-26）

语言简明　清晰有方向　与问题相关　问建设性的问题　保持中立的态度

图4-26　提问的技巧

81

闯关财富库

故事：寝室扣分了，寝室长婕嫌问："今天谁扫地？怎么连地都扫不干净，害得寝室扣分了！"大家顿时安静了下来，没人回答，过了几秒后，大家继续原来的话题，嬉笑打闹起来。

婕嫌觉得很受伤、很郁闷，她找班主任诉苦。史老师听完后跟她说："婕嫌，你是集体荣誉感很强的人，但是这次的沟通方法如果能改进下，效果可能就不一样了。想想如果你是听者，你希望对方以怎样的方式问自己呢？在什么场合下问你呢？"

婕嫌茅塞顿开。她单独约当天值日生紫贝出来，轻声地问："小贝，你平时寝室值日最认真了，今天寝室扣分，我想请你帮我一起分析原因解决问题，可以吗？"紫贝点点头说："今天我把地扫干净后就去教室了，肯定后来有人又回寝室了。"婕嫌回应说："我相信你。"后来她们了解到，皎钰后来回寝室了。

婕嫌又找到皎钰说："钰儿，平时你是最热心的人，今天咱们寝室扣分了，但是值日生说她今天有扫地的，但是地面有零食被扣分，怎么办？"

皎钰不好意思地说："原来是这样扣的分呀，你不用找了，扣我吧，我昨天以为值日生还没打扫呢，他们叫我赶紧去弄主持稿，我吃好泡面就走了，太不好意思了，扣我的分吧。"

婕嫌运用沟通提问技巧，圆满地解决了问题。

【闯关攻略 4-7-4】沟通对话的方式

闯关补血站

补血一：三明治表达法（图 4-27）

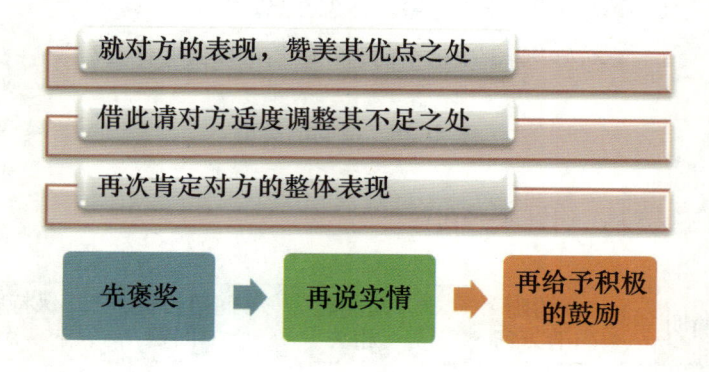

- 就对方的表现，赞美其优点之处
- 借此请对方适度调整其不足之处
- 再次肯定对方的整体表现

先褒奖 → 再说实情 → 再给予积极的鼓励

图 4-27　三明治表达法

补血二:"我—信息"表达法(图4-28)

有些时候,我们受到别人的打扰,或我们的合理需求没有得到满足时,可以尝试使用"我—信息"表达法,尤其是对自己的亲人和好友。

不可接受的行为	我的感受	对我造成的具体影响
当我在写数学作业时,你来叫我陪你去小店	我很为难	因为我的解题思路被打断了,我想你等我做完题目再陪你去小店
说事实	谈感受	提要求

图4-28 "我—信息"表达法

闯天财富库

故事:扣分的真实原因被找到了,扣分的目的是让寝室变好。婕嫌对大家说:"对不起大家,是我这个寝室长没做好,才出现这个漏洞,我先向大家道歉,为了避免以后再出现类似的乌龙状况,我们怎么办?大家一起来想办法吧!"最后大家讨论决定,值日生按规定扫地后,谁在寝室活动造成的垃圾,谁负责清理干净。

婕嫌采用沟通提问技巧,引导室友们思考寝室扣分问题,最后圆满解决问题。

活动3 共赢的智慧

闯关任务书

婕嫌在学校里经历了这么多事,终于到了周末可以回家了,一回到家,她迫不及待地拿起手机和寝室的朋友讨论上周扣分的事。可是这时候妈妈看到婕嫌在玩手机,很不高兴,就大声地批评婕嫌,"怎么一回家就玩手机"。婕嫌觉得妈妈这么不理解自己,很生气!

"共赢的智慧"闯关目标如图4-29所示。

沟通协商达成共识
沟通获得理解支持

图4-29 "共赢的智慧"闯关目标

【闯关活动1】婕嫌和妈妈因为手机使用产生了冲突，请你帮助婕嫌探寻解决冲突的方法。

第1步：请你回想一下：自己或身边的朋友，是否遇到婕嫌类似的问题？你们有什么好的方法让妈妈理解自己在正常使用手机呢？

_____

_____

第2步：请你找你身边的小伙伴先相互分享一下你的想法。并记录下来。

_____

_____

第3步：如果想要获得父母的理解和支持，请跳转至本书第86页，打开【闯关攻略4-7-5】去补血和积累财富。请在下面横线上写出你补血和积累财富成功后，对获得爸妈的支持有哪些新的想法。

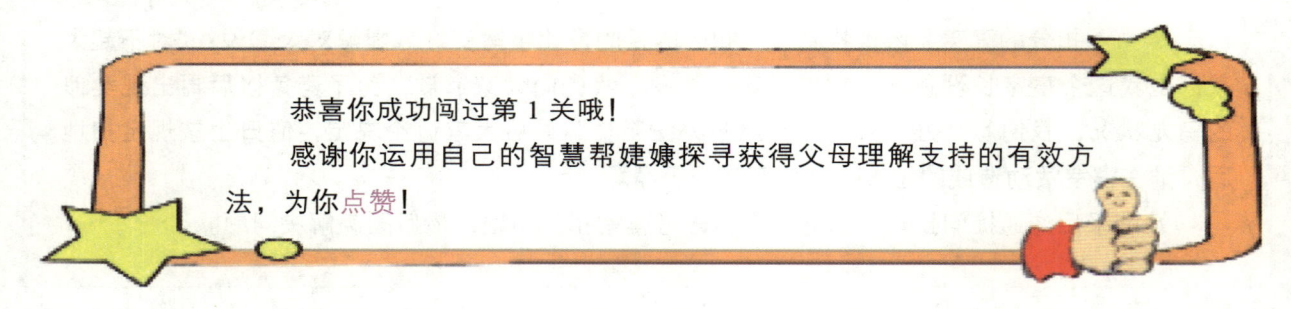

恭喜你成功闯过第1关哦！
感谢你运用自己的智慧帮婕嫌探寻获得父母理解支持的有效方法，为你点赞！

【闯关活动2】婕嫌和妈妈解释清楚了今天使用手机的原因，但是妈妈还是觉得回家之后最好不要用手机，或者能少用就少用。妈妈担心婕嫌沉迷手机聊天和游戏，有些不相信婕嫌能够自主管理好手机。

第1步：请写下如果你是婕嫌，你会如何与妈妈沟通，达成一个双方都觉得可以接受的手机使用方案，实现共赢的目标。

_____

第2步：请你找身边的小伙伴分享获得共赢的方法。听听其他人的想法，并进行探讨，也可以进行模拟体验情境。

_____

第3步：如果你想要了解沟通协商解决冲突的知识，请跳转至本书第87页，打开【闯关攻略4-7-6】去补血和积累财富，然后再返回修改完善你的处理方案。请在下面横线上写出你补血和积累财富成功后，又有哪些新的想法。

_____

_____

谢谢你的分享，长见识啦！

恭喜你通过自己的智慧和努力连续闯过2关，顺利通过活动3"共赢的智慧"，成功进阶。

祝贺你成功获得通关卡！

闯关交流群

亲爱的同学，当你"共赢的智慧"闯关成功后，相信你一定有许多宝贵的想法，想要和你的小伙伴们分享吧。现在邀请你进入"闯关交流群"，尽情地分享吧！

置顶留言

1. 生活中不是非输即赢，很多时候我们可以选择双赢的方案。
2. 如果遇事想法有冲突而产生负面情绪，智慧的做法是：先解决情绪问题，等情绪平静之后再沟通解决问题。
3. 学会关注目标，关注解决方案。
4. 共赢的方法需要建立在真正的彼此尊重的基础上，会让我们和同学、朋友、老师以及父母之间的关系越来越融洽。

亲爱的同学，恭喜你完成主题四闯关活动，获得"交往"奖章！现在请你带着图4-30积累的血量和财富，至少找3位伙伴用笔给自己颁发"独立"奖章，然后进入主题五"爱与责任的培育"世界空间继续闯关吧！

■ 我补充的血量有：

■ 我获得的财富有：

■ 我的新想法是：

图4-30　积累的血量和财富

【闯关攻略4-7-5】沟通对话

闯关补血站

补血一：双向沟通（图4-31）

双方沟通的智慧，最忌讳"抗争"，抗争是沟通的毒药。

沟通技巧

| 平静地看到对方的需求或情绪，反馈给对方听 | 向对方讲清楚自己的观点或要求，真诚地请对方帮个忙 |

图4-31　双向沟通

希望以下的故事能帮助你更好地吸收来自"沟通获得理解支持"的新鲜血液，积累更多的青春财富。

闯关财富库

故事：婕嫌对妈妈说的话很生气，回到房间把门关上，想让自己冷静一下。等情绪稳定之后，婕嫌想着：争吵、生气好像都不能解决问题。想到自己成功与室友沟通解决寝室卫生问题的事，觉得自己如果换个方式向妈妈表达想法，可能会达成心愿。

婕嫌主动走到妈妈房间，对妈妈说："妈，刚刚对不起，我不应该那么对你。我想了想，你看到我用手机，你特别着急，替我担心。我觉得你不相信我，我也特别难过。我不是一个不学好的孩子。如果您能对我充满信任，我会很高兴的。其实我就和紫贝、皎钰说下寝室里的事情，我们寝室上周扣分了……您帮我出出主意，看我们怎么办才好？"妈妈听了婕嫌这番话，觉得自己的女儿真的长大了，懂得通过沟通协商解决问题，是自己过于焦虑担心误解了女儿。于是心平气和地与女儿交流起来了。

【闯关攻略 4-7-6】沟通协商解决冲突

闯关补血站

补血一：共赢法——解决冲突的智慧方法（图 4-32）

冲突是人际关系的组成部分，尤其是和朋友、同学和父母之间，发生冲突很正常。处理好了会让我们的人际关系更加紧密，处理不好则让关系更加疏远。

解决冲突的方法是决定人际关系是否健康、亲密的关键因素。

界定问题
了解和澄清我们的问题

列出可能的解决方案
与同学、朋友、家长共同寻找所有解决方法

评估所有解决方案
逐条列出并评估这些方案，看看这些方案是否真的满足双方的需求

确定最好的可接受的方案
双赢方案

图 4-32 共赢的方法

执行方案
制订计划：如何执行？谁执行？何时执行？获取一致的承诺，开始执行

追踪评估执行的效果
确保你们的需求都得到满足并且该解决方法切实有效

温馨提示
➢ 如果实践后发现解决方法无效，则返回到前面六个步骤，改进解决方法

图 4-32 共赢的方法（续）

希望以下的故事能帮助你更好地吸收来自"沟通协商解决冲突"的新鲜血液，积累更多的青春财富。

闯关财富库

在和妈妈的深度聊天中，婕嫌和妈妈有一些想法是冲突的：妈妈希望婕嫌不玩手机，在家里多干家务、多学习，或者多运动都好。最好每周只玩两个小时就最好了。但是婕嫌觉得手机是现代青年人的社交方式，是必需的社交工具。

对于这个冲突，该怎么办呢？婕嫌想到班主任史老师经常让同学们在班会上进行头脑风暴解决校纪校规问题，她觉得可以召开家庭会议，解决自己和妈妈的冲突问题。

婕嫌对妈妈说："妈妈，我知道您担心我通过手机学坏，很关心我，但是我觉得手机使用对我来说很重要，咱们还是一起来制定家里的手机使用规则吧。"妈妈听了婕嫌的表达，很开心。后来，全家人一起召开家庭会议，充分考虑每个人的想法和需要，然后制定全家人都要执行的手机家庭使用规则。

之后，家人因手机使用而起冲突的事情减少了。当在使用中发现不合理的地方时，再通过家庭会议共同协商进行修改和调整，家庭气氛变融洽了。

爱与责任的培育

主题五

亲爱的同学们，大家好！欢迎大家来到"我的青春世界之爱与责任的培育"世界空间。人生中有许多美好的情感，如亲情、友情外还有爱情。当我们进入青春期时，随着身体的变化和心理的发展，我们开始情窦初开，这是很正常的自然现象。爱情会让人们获得温暖、亲近、心心相印的美好感觉，因此被人们赞美、憧憬和向往。爱和被爱是一种能力，需要在我们成长路上学习和培养。

在"爱与责任的培育"世界空间里，你需要完成 3 个成长任务（图 5-1），懂得爱与责任。每个成长任务设定了具体的体验闯关活动，你可以通过自己智慧和能力，或借助"闯关攻略"补血和积累财富，完成闯关任务，成功后拿到通关卡。当你逐级闯关并成功获得 3 级通关卡之后，将获得"情感"纪念章，见证你成功培育"爱与责任"。

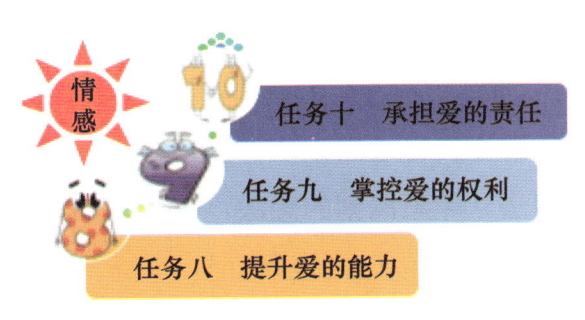

任务十　承担爱的责任
任务九　掌控爱的权利
任务八　提升爱的能力

图 5-1　"爱与责任的培育"成长任务

任务八　提升爱的能力

本任务设置了 4 个闯关活动，欢迎你来闯关！预祝你闯关成功哦！

活动1　爱的识别

闯关任务书

婕嫌欣赏秦纯的独立自信、有能力、积极乐观，秦纯喜欢婕嫌的善解人意、有耐心、乐于助人。两个人经常在一起讨论学习、参加活动、畅谈梦想、聊八卦等，彼此相互关心、相互帮助，感觉很开心。渐渐地，他们开始脱离朋友圈，喜欢单独活动。同学们议论说："秦纯和婕嫌恋爱了！"秦纯和婕嫌回应说：彼此只是好朋友，但同学们的议论越来越多，这让他们感觉到很烦恼。

"爱的识别"闯关目标如图5-2所示。

探究爱情的真谛
区分友情与爱情

图5-2　"爱的识别"闯关目标

【闯关活动1】秦纯和婕嫌的交往引起同学们的议论，他们的烦恼需要通过确认"友情还是爱情？"来消除。现在请你帮助秦纯和婕嫌来确认一下。

第1步：你觉得秦纯和婕嫌之间的情感是友情还是爱情？请写下你的确认结果及确认理由。

_____

_____

第2步：确认完毕后，请你找身边的小伙伴进行探讨，也可以模拟体验情境，谈谈自己的想法，听听对方的想法。印象深刻的想法，收藏一下。

_____

_____

第3步：请跳转至本书第92页，打开【闯关攻略5-8-1】去补血和积累财富，然

主题五　爱与责任的培育

后再返回修改完善你的确认结果及确认理由。

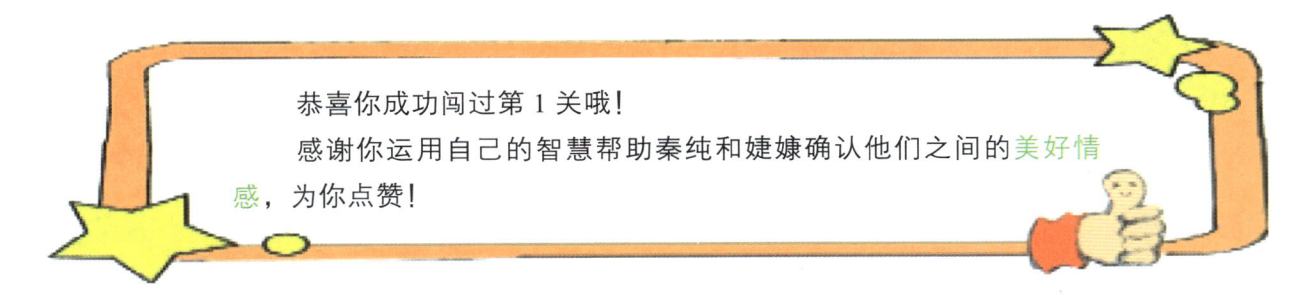

恭喜你成功闯过第 1 关哦！
感谢你运用自己的智慧帮助秦纯和婕嫌确认他们之间的美好情感，为你点赞！

【闯关活动 2】青春期美好情感中也包含爱情，你现在已经在向成人世界迈进，相信你已经通过各种学习途径，对爱情有所了解并形成自己的想法。请你跟秦纯和婕嫌分享一下：什么是爱情？

第 1 步：请你用语言或图画的形式描述自己心中的爱情是什么样子。

第 2 步：请你找你身边的小伙伴先相互分享一下自己的想法。印象深刻的想法，收藏一下。

第 3 步：如果想要获得幸福的爱情，请跳转至本书第 94 页，打开【闯关攻略 5-8-2】去补血和积累财富。请在下面横线上写出你补血和积累财富成功后，对爱情有哪些新的想法。

谢谢你的分享，长见识啦！
恭喜你通过自己的智慧和努力连续闯过 2 关，顺利通过活动 1 "爱的识别"，成功进阶。
祝贺你成功获得通关卡！

闯关交流群

亲爱的同学，当你"爱的识别"闯关成功后，相信你一定有许多宝贵的想法，想要和你的小伙伴们分享吧。现在邀请你进入"闯关交流群"，尽情地分享吧！

置顶留言

1. 人生的美好情感包括亲情、友情和爱情。
2. 爱情需要双方的陪伴和宽慰，需要懂得彼此的尊重和接纳、关怀和付出，信守承诺，还有履行责任。
3. 现实中的爱情由于亲密、承诺和激情三种成分会随时间发生变化，所以对于同一对情侣，在不同的时期也可能会体验到各种不同类型的爱情。

亲爱的同学，现在你可以凭借通关卡，带着图5-3中积累的血量和财富，信心满满地进入活动2"爱的选择"继续闯关吧！

- 我补充的血量有：
- 我获得的财富有：
- 我的新想法是：

图5-3 积累的血量和财富

【闯关攻略5-8-1】友情和爱情

闯关补血站

补血一：青春期的美好情感

青春期的美好情感包括亲情、友情和爱情（图5-4）。

青春期的同伴间会产生喜欢的感觉，源于人与人之间的吸引，即接近某人的渴望。

纯真　美好　甜蜜　易变

图 5-4　青春期情感的特征

希望以下的故事能帮助你更好地吸收来自"青春期的美好情感"的新鲜血液，积累更多的青春财富。

闯天财富库

故事：婕嬿在和秦纯交往程中，非常欣赏秦纯的独立自信、有能力、积极乐观，希望每天都能看到他。婕嬿主动跟秦纯打招呼，秦纯心里感觉甜如蜜。婕嬿对秦纯说："和你讨论问题，这种感觉真好。"秦纯回应说："你也非常好，帮助我解决许多问题。"他们交往的情感是纯真、甜蜜和美好的。

相处一段时间后，婕嬿感觉自己对秦纯没有刚开始那么喜欢了，她自己也不知道为什么。后来在上心理课时才明白，她的这种感觉是青春期情感易变的体现，很正常。

补血二：友情和爱情（图 5-5）

友情是朋友和朋友之间的感情。社会学家们认为友情是"自愿的、个人的关系，通常能提供亲密和帮助，双方互相喜欢并寻求彼此的相伴"。

爱情是指两个个体之间相爱的感情、情谊，是男女相爱的感情，是人类基于生命延续的本能和确保身心最大快慰而产生的相互倾心，也是人类所独有的一种甜蜜、伟大和神圣的情感体验。

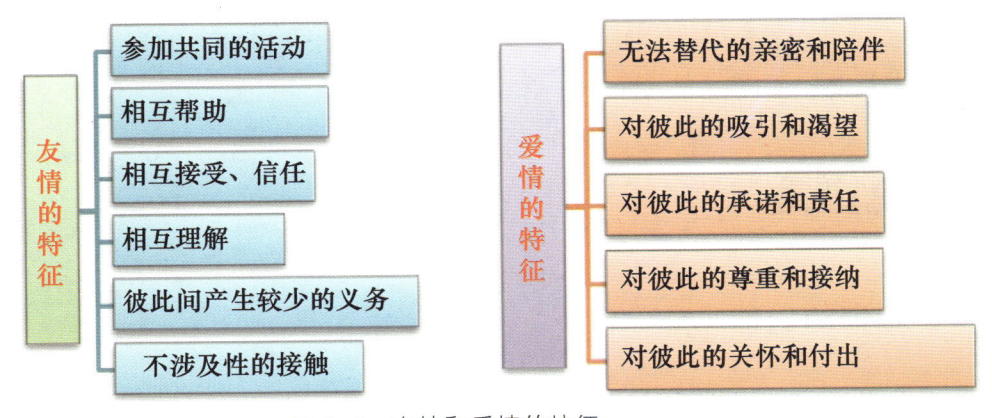

友情的特征
- 参加共同的活动
- 相互帮助
- 相互接受、信任
- 相互理解
- 彼此间产生较少的义务
- 不涉及性的接触

爱情的特征
- 无法替代的亲密和陪伴
- 对彼此的吸引和渴望
- 对彼此的承诺和责任
- 对彼此的尊重和接纳
- 对彼此的关怀和付出

图 5-5　友情和爱情的特征

补血三：友情和爱情的区别（表 5-1）

表 5-1　友情和爱情的区别

比较的内容	友情	爱情
目的	互惠互利	婚姻
对象	广泛	唯一
稳定性	变化	牢固
情感体验	快乐	甜蜜
性参与度	无	有

希望以下的故事能帮助你更好地吸收来自"友情和爱情"的新鲜血液，积累更多的青春财富。

闯关财富库

故事：婕嫌和秦纯不能确定彼此之间是什么感觉，觉得有些困扰，于是两个人一起找学校的心理辅导老师求助。辅导老师请他们谈自己内心的感觉。

秦纯说："在我的心里婕嫌是很优秀的女生，跟婕嫌在一起的时候自己很快乐，总想跟婕嫌待在一起。我希望两个人相互分享内心的秘密、心爱的事物。我在任何时候都会理解和支持婕嫌的，也愿意为了维护彼此的感情而努力。我希望婕嫌永远开心、快乐。"

婕嫌说："我和秦纯有相同的感受。在秦纯脚受伤的时候，我心甘情愿照顾他。我决定参加校园歌手大赛时，秦纯尊重我的选择，并会帮我补习因排练落下的课程，这让我很感动。"

辅导老师肯定了他们之间的情感包含亲密与陪伴、承诺与责任、尊重与接纳、关怀与付出等宝贵之处，希望他们把握好异性交往尺度，好好珍惜彼此。婕嫌和秦纯感谢老师的理解和支持，表示会一起努力维护这段美好的感情。

【闯关攻略 5-8-2】爱情的真谛

闯关补血站

补血一：爱情的三种成分

美国耶鲁大学心理学家斯腾伯格（Rober J. Sternberg）提出"爱情三角理论"，他认为人类爱情包括三种成分，如图 5-6 所示。他认为只有亲密、承诺和激情三个因素组合的爱，才是人们追求的完美的爱情的理想境界。真正的爱情具备激情的真、亲密的善、承诺的美，是真善美和知情欲兼具的情感。

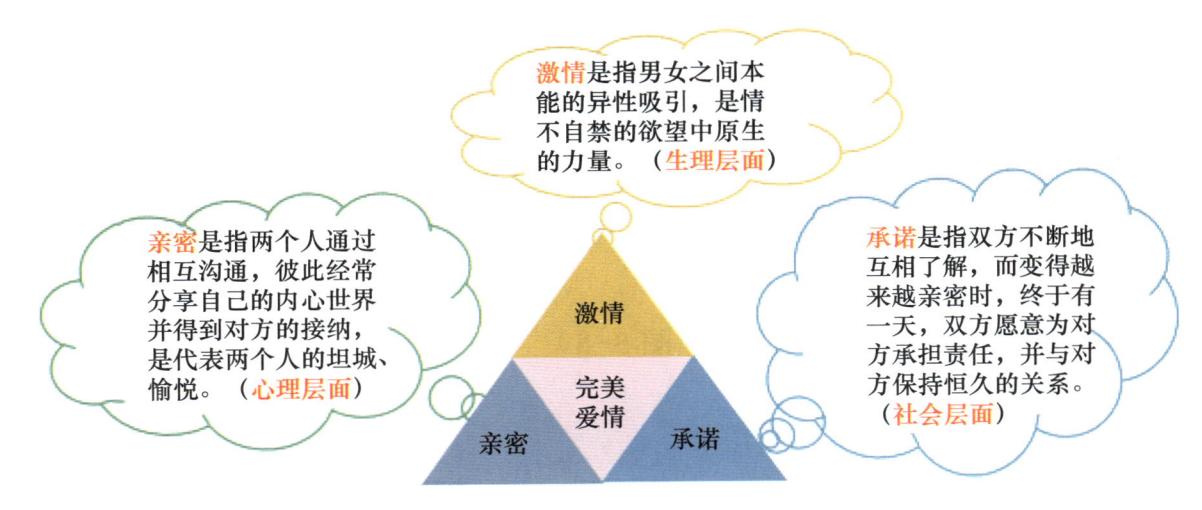

激情是指男女之间本能的异性吸引，是情不自禁的欲望中原生的力量。（**生理层面**）

亲密是指两个人通过相互沟通，彼此经常分享自己的内心世界并得到对方的接纳，是代表两个人的坦诚、愉悦。（**心理层面**）

承诺是指双方不断地互相了解，而变得越来越亲密时，终于有一天，双方愿意为对方承担责任，并与对方保持恒久的关系。（**社会层面**）

图 5-6 爱情的三种成分

补血二：爱情的八种类型（图 5-7）

依据斯腾伯格（Rober J. Sternberg）爱情的亲密、承诺和激情三种成分的组合，可以派生出八种不同类型的爱。

	亲密	激情	承诺
无爱	X	X	X
喜欢	V	X	X
迷恋	X	V	X
空虚的爱	X	X	V
浪漫的爱	V	V	X
相伴的爱	V	X	V
愚昧的爱	X	V	V
完美的爱	V	V	V

图 5-7 爱情的八种类型

- **无爱**：两人可能仅仅是萍水相逢，点头之交，关系是随意、肤浅且不受约束的。
- **喜欢**：关系的双方有着真正的亲近和温情，却不会唤起激情或与对方共度余生的期望。这种感情多表现在朋友的友谊之间。
- **迷恋**：两个几乎不认识的人，但被激起欲望。

- **空虚的爱**：既没有激情又没有温情，仅只是在一起搭伙过日子。
- **浪漫的爱**：没有承诺，有着强力的亲密感和激情，但往往很难持久。
- **相伴的爱**：情感中缺乏激情，只是亲密和承诺的结合，双方会努力维持深刻、长久的感情。这样的感情很可能因为出轨行为而宣告破裂。
- **愚蠢的爱**：多出现在一见钟情中，双方刚一接触即产生强烈的、压倒一切的激情并许下诺言，但彼此并不了解对方。很可能就是伴随着后悔而惨淡收场。
- **完美的爱**：情感中亲密、激情和承诺都非常的充足时，每时每刻都被幸福包围。

补血三：爱情的四个发展阶段（图5-8）

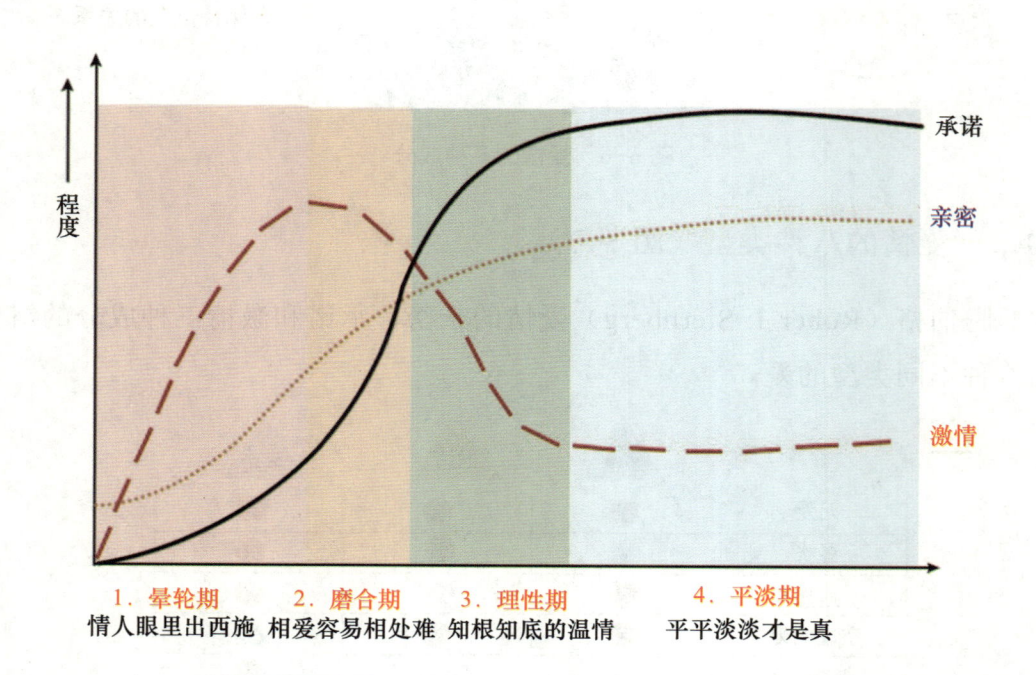

1. 晕轮期　情人眼里出西施
2. 磨合期　相爱容易相处难
3. 理性期　知根知底的温情
4. 平淡期　平平淡淡才是真

晕轮期	·产生光环效应（情人眼里出西施）
磨合期	·随着双方全面深入了解，热情下降，看到对方的缺点，甚至后悔当初的选择。（相爱容易相处难）
理性期	·彼此知根知底有默契，感情逐渐成熟稳定，理性化的想法及期望被平和与温情代替。（知根知底的温暖）
平淡期	·两个人找到最适合的距离位置，保持彼此不伤害又能取暖的距离。相濡以沫，白头到老。（平平淡淡才是真）

图5-8　爱情的四个发展阶段

主题五　爱与责任的培育

闯关财富库

故事1：婕嫌的爷爷和奶奶金婚（50年）纪念日，全家人隆重地为他们举办了庆祝活动，大家都羡慕爷爷和奶奶幸福美满的婚姻。婕嫌缠着爷爷奶奶讲他们的爱情故事。

奶奶告诉她说：他们是包办婚姻，在结婚之前没见过面，双方没有任何感情基础，只是在一起搭伙过日子。结婚后两个人相互关心和支持，慢慢地产生感情。后来婕嫌的爸爸、姑姑相继出生。爷爷非常有责任心，努力挣钱养家，奶奶在家料理家务、照顾孩子，他们都非常勤劳和努力。有时候也会发生吵架，但吵的目的想把日子过好。两人相互尊重、体谅、包容、理解，日子越过越好。现在生活富足、儿孙满堂，感觉特别幸福。

故事2：秦纯的表姐是个健身达人，在健身房遇到肌肉男教练，两人一见钟情，没有过多久就在一起生活了。两人都很独立，平时各自忙的工作，互不干涉。表姐想要一个浪漫的婚礼，男朋友却说喜欢现在的生活状态，暂时不想结婚，表姐感觉很没有安全感，关系持续了两年，最后还是以分手告终。

活动2　爱的选择

闯关任务书

婕嫌和闺蜜皎钰观看电影，男女主人公的爱情故事令人感动，他们非常羡慕女主人公遇到自己的白马王子，收获真爱，过上幸福美好的生活。婕嫌问皎钰："你心目中的白马王子是什么样子的？"皎钰脱口而出："霸道总裁！高富帅！"婕嫌回应说："电影看多了吧！现实吗？"皎钰回答说："这就是我的选择标准！"婕嫌追问说："你的选择标准是什么来？"皎钰回答说："感觉！"婕嫌觉得不靠谱。

"爱的选择"闯关目标如图5-9所示。

防范爱的选择陷阱
明确爱的选择标准

图5-9　"爱的选择"闯关目标

【闯关活动1】婕嫌和皎钰意识到美好爱情最重要的事是选择伴侣。但对于如何选择伴侣有些迷惑，请你帮忙给他们做个示范。

97

第1步：首先请你从正面的词汇中圈出5个你"最看重"和1个"最不能容忍"的词，和伙伴说说你的选择理由。

> 真诚、依赖、独立、无情、责任感、不卫生、理智、纯洁、漂亮/英俊、幽默、温柔、乐观、自信、善良、性感、悲观、善解人意、自以为是、贪婪、懒惰、很富有、无责任感、花心、勇敢、活泼、自私、有能力、上进、粗鲁、共同的价值观。

第2步：如果现在请你在选择的"最看重"的5个特点里去掉2个，你去掉什么？为什么？留下这3个的理由是什么。

第3步：请再去掉2个，你去掉什么？为什么？然后完成下面的填空，再确认一下这是你的选择标准吗？之后，找小伙伴相互分享一下对选择过程及选择结果的感受和想法。

> ★ 爱的选择标准：选择伴侣时，我最看重_____，最不能容忍_____。

第4步：如果你想要了解更多选择伴侣的知识，请跳转至本书第100页，打开【闯关攻略5-8-3】去补血和积累财富，然后再返回修改完善你的确认结果及确认理由。

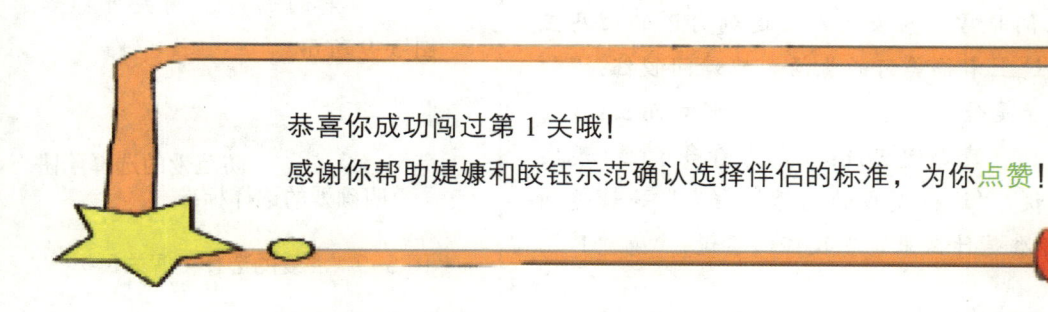

恭喜你成功闯过第1关哦！
感谢你帮助婕嫌和皎钰示范确认选择伴侣的标准，为你点赞！

【闯关活动2】每个人都渴望收获美好的爱情，但在选择伴侣的过程中，可能会遭遇"爱情陷阱"，带来身心伤害。请你帮助婕嫌和皎钰了解一下，做到防患于未然。

主题五　爱与责任的培育

第 1 步：请你分享一下自己了解的爱情陷阱有哪些。

_____

第 2 步：请你找你身边的小伙伴相互分享信息，补充自己的信息。然后和小组伙伴一起群策群力想想预防爱情陷阱的策略，把有效的策略收藏一下。

_____

第 3 步：如果想要了解更多爱情陷阱的信息及预防策略，请跳转至本书第 101 页，打开【闯关攻略 5-8-4】去补血和积累财富。请在下面横线上写出你补血和积累财富成功后，对爱情陷阱有哪些新的想法。

_____

谢谢你的分享，长见识啦！

恭喜你通过自己的智慧和努力连续闯过 2 关，顺利通过活动 2 "爱的选择"，成功进阶。

祝贺你成功获得通关卡！

通关卡

闯关交流群

亲爱的同学，当你"爱的选择"闯关成功后，相信你一定有许多宝贵的想法，想要和你的小伙伴们分享吧。现在邀请你进入"闯关交流群"，尽情地分享吧！

置顶留言

1. 选择伴侣是恋爱的第一步，也是重要的一步。伴侣的选择决定了今后的感情、家庭、工作以及生活状态。每个人都会因自己的选择承担或承受相应的结果。

2. 男女的选择标准会存在一定差异，但无论男女，共同的价值观、真诚、平等、尊重都是形成长期关系的重要因素。

3. 在寻找爱的过程中，了解更多"爱情陷阱"的信息及预防策略可以帮助我们将一切意外发生的可能降到最低。

4. 爱是一件充满偶然的事物，没有一种方法可以保证你100%收获爱情。但也的确存在一种"爱的能力"。当你具备了这种能力之后，你就能更好地在充满偶然的爱的世界中，真正获得属于你自己的一份爱的礼物。

亲爱的同学，现在你可以凭借通关卡，带着图5-10中积累的血量和财富，信心满满地继续闯关活动3"爱的表达"吧！

- 我补充的血量有：
- 我获得的财富有：
- 我的新想法是：

图5-10 积累的血量和财富

【闯关攻略5-8-3】爱的选择标准

闯关补血站

补血一：爱的选择标准（图5-11）

恋爱是人生命中的一件大事，恋爱的第一步是选择伴侣。

主题五　爱与责任的培育

共同的价值观　积极进取的人生态度　良好的性格　受教育程度　相互尊重、忠诚　共同的精神生活　与对方家庭和谐相处

图 5-11　爱的选择标准

希望以下的故事能帮助你更好地吸收来自"爱的选择标准"的新鲜血液，积累更多的青春财富。

闯关财富库

故事：皎钰的堂姐是个美女，学生时代开始身边就有很多追求者。堂姐觉得"只有'面包'才能让人有安全感和过上幸福生活。"后来，她选择嫁入一位富三代，做全职太太。由于没有工作，她的生活费由老公提供，在婆家没有话语权，她内心有种寄人篱下的感觉，过得并不像想象得那么幸福。她告诉皎钰选择伴侣的标准很重要，要反复确认自己到底在乎什么、重视什么，还要考虑自己的选择将来可能会给自己的生活带来什么，是自己想要的吗？皎钰听后很受启发。

【闯关攻略 5-8-4】防范爱的选择陷阱

闯关补血站

补血一：树立防范爱情陷阱的意识

在寻找爱的路上，我们要树立防范爱情陷阱的意识：

● 小心那些看起来"迷人"的人。

● 多了解对方的身份、人际信息：一般来说，了解双方的家庭信息，拥有共同的交际圈等，那么双方会更不敢去欺骗和犯罪，因为犯罪的成本增加。

补血二：了解 PUA

PUA，全称（Pick-up Artist），起初指的是一群受过系统化学习、实践和不断自我完善情商的男性，后来演化成骗色、骗财的手段，设立所谓步步陷阱的情感操控术，甚至不惜会导致对方自杀来达到情感操控目的（图 5-12）。

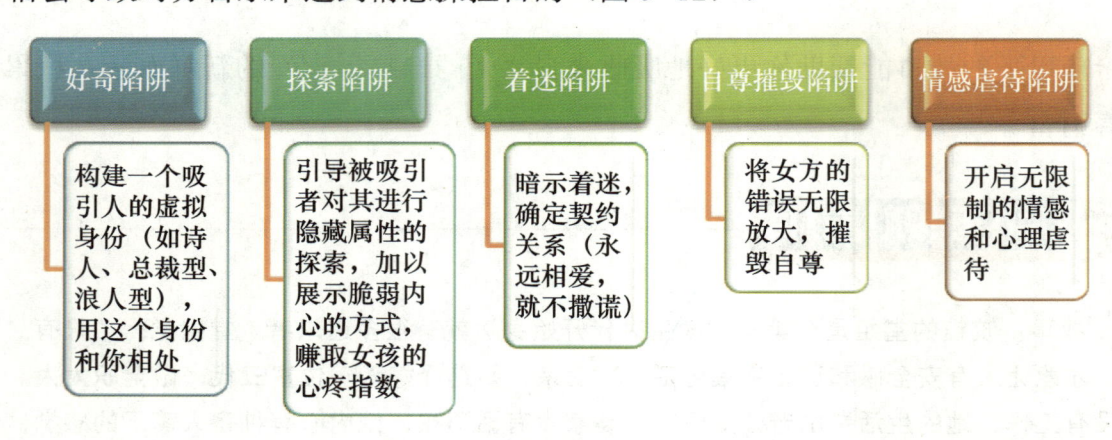

好奇陷阱	探索陷阱	着迷陷阱	自尊摧毁陷阱	情感虐待陷阱
构建一个吸引人的虚拟身份（如诗人、总裁型、浪人型），用这个身份和你相处	引导被吸引者对其进行隐藏属性的探索，加以展示脆弱内心的方式，赚取女孩的心疼指数	暗示着迷，确定契约关系（永远相爱，就不撒谎）	将女方的错误无限放大，摧毁自尊	开启无限制的情感和心理虐待

图 5-12 PUA 的 5 步陷阱法

希望以下的故事能帮助你更好地吸收来自"防范爱的选择陷阱"的新鲜血液，积累更多的青春财富。

闯天财富库

故事：艾亦有个认识了 3 个月的女性网友：人美声甜，性格好，不仅会陪艾亦游戏聊天，而且特别善解人意。所有人都反对艾亦辍学搞创作，这位网友会全力支持他；所有人都觉得艾亦作品不好，这位网友会充分认可他……艾亦认定这个网友就是自己要找的理想伴侣！因此，艾亦也常给这位网友发各种红包、送各种礼物，即使自己每天啃馒头……艾亦觉得为了真爱，哪怕付出再多也愿意。

有一天，一个警方来电让他崩溃，原来这位网友是一个网络诈骗组织成员，他不仅同时和多人"知心聊天"，而且居然是个男的！平时和自己的语音是通过变声器发的。艾亦遭遇网络陷阱，"情感和钱财"双重损失。

活动3　爱的表达

闯关任务书

随着交流的增多，辰璋觉得皎钰就是自己的理想"恋人"，为了防止被其他人"捷足先登"，辰璋决定和皎钰表明心意。在皎钰生日那天，辰璋手捧鲜花在班级公开向她表达心意，引来了同学们的围观，让皎钰尴尬不已，拒绝了他。皎钰也表达自己的想法，可以做好友，平时相互多关心、多帮助。

在后来的相处过程中，辰璋感觉有些郁闷。因为每次一起参加活动，皎钰都会以"迟到是女生的权利"为由让辰璋等很久，有时候还限制辰璋和其他女生一起活动。辰璋不理皎钰，皎钰就会发脾气，两个人会不欢而散。

"爱的表达"闯关目标如图5-13所示。

图5-13　"爱的表达"闯关目标

【闯关活动1】异性交往中，喜欢是正常的情感。辰璋表达心意被皎钰当场拒绝，两个人都很尴尬。请你帮助辰璋探寻有效的情感表达方式。

第1步：请你帮助分析一下：辰璋表达心意方式存在哪些问题？对探寻有效的情感表达有什么启发？

第2步：你觉得在表达情感时还需要注意些什么？可以和小组伙伴进行探讨，谈谈自己的想法，听听对方的想法。印象深刻的想法，收藏一下。

第3步：如果你想要了解更多爱的表达相关知识和技能，请跳转至本书第106页，打开【闯关攻略5-8-5】去补血和积累财富，然后再返回修改完善你的答案。

我的青春世界——中职生青春健康教育

恭喜你成功闯过第 1 关哦！
谢谢你帮助辰璋探寻有效的情感表达方式，为你点赞！

【闯关活动 2】在异性交往过程中，爱的维护很重要。请你帮助辰璋和皎钰想办法化解相处中的矛盾冲突，做好爱的维护。

第 1 步：请你帮助辰璋和皎钰分析一下：他们相处过程中发生矛盾冲突的主要原因是什么？

_____

第 2 步：请你和小组伙伴一起探讨：在异性交往过程中，怎样做才能避免矛盾冲突的发生，达到维护爱的目的？通过现场模拟演练，检验方法的有效性，并将印象深刻的有效方法，收藏一下。

_____

第 3 步：如果想要获得更多爱的维护相关知识和技能，请跳转至本书第 107 页，打开【闯关攻略 5-8-6】去补血和积累财富，然后再返回修改完善你的答案。

谢谢你的分享，长见识啦！
恭喜你通过自己的智慧和努力连续闯过 2 关，顺利通过活动 3 "爱的表达"，成功进阶。
祝贺你成功获得通关卡！

通关卡

104

主题五　爱与责任的培育

闯关交流群

亲爱的同学，当你"爱的表达"闯关成功后，相信你一定有许多宝贵的想法，想要和你的小伙伴们分享吧。现在邀请你进入"闯关交流群"，尽情地分享吧！

置顶留言

1. 如果喜欢一个人，就要礼貌地向对方表达自己的情感。如果对方没有接受，那也是很正常的，不能强迫别人接受情感，那是对自己和别人的不尊重。

2. 表达情感之前要充分做好交往的准备，其中最重要的是良好性格和人格修养的准备，以及平等、互爱、责任感的意识。

3. 在异性交往过程中，两个人有矛盾是正常的。理智的分析、必要的冷静、积极的沟通、耐心的倾听、勇于表达自己的观点、敢于说"不"，甚至一个幽默、一个拥抱等，都可以成为化解矛盾的办法。

亲爱的同学，现在你可以凭借通关卡，带着图5-14中积累的血量和财富，信心满满地进入活动4"爱的成长"，继续闯关吧！

- 我补充的血量有：
- 我获得的财富有：
- 我的新想法是：

图5-14　积累的血量和财富

105

【闯关攻略 5-8-5】学会爱的表达

闯关补血站

补血一：爱的表达

爱的表达是一种能力，也是一种艺术。只有学会恰当表达，掌握分寸，懂得尊重和爱护彼此，才能收获更多美好的情感。

两个人相互喜欢，感情才能保持长久。如果被别人拒绝，也是正常的，尊重对方的选择，也是对自己的爱护。

补血二：爱的表达准备

爱的表达注意事项如图 5-15 所示。

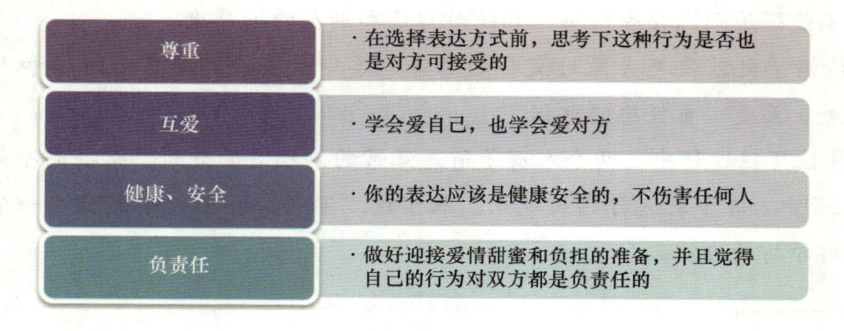

尊重	·在选择表达方式前，思考下这种行为是否也是对方可接受的
互爱	·学会爱自己，也学会爱对方
健康、安全	·你的表达应该是健康安全的，不伤害任何人
负责任	·做好迎接爱情甜蜜和负担的准备，并且觉得自己的行为对双方都是负责任的

图 5-15 爱的表达注意事项

希望以下的故事能帮助你更好地吸收来自"爱的表达"的新鲜血液，积累更多的青春财富。

闯关财富库

故事： 班主任史子拥有一个温暖幸福的家庭，令人羡慕。同学们八卦地问史老师：当年谁先跟谁表白？是怎么表白的？史老师得意地说：自己的老公各方面都很优秀，吸引了很多追求者。自己和老公是好友，心里也很喜欢老公，但她那时觉得自己还不够优秀，担心自己主动表白，可能会遭到拒绝。于是，她决定和老公保持好友关系，先把这份喜欢埋藏在心里，努力让自己变得更优秀。老公很喜欢和自己在一起，但没有公开表白过。两个人经常一起学习、参加活动，最后一起考上了大学。上大学后，老公跟自己表白，说喜欢自己很多年，希望她能够接受他，这正好是她内心的期待，于是非常爽快地答应了。两个人将喜欢转化为动力，尊重和爱护彼此，最终收获稳定感情和幸福生活。

【闯关攻略 5-8-6】重视爱的维护

闯关补血站

补血一：恋爱的五个阶段（图 5-16）

相互了解 → 逐步融洽 → 自我显露 → 相互依赖 → 亲密需求

图 5-16　恋爱的五个阶段

补血二：恋爱成功的影响因素（图 5-17）

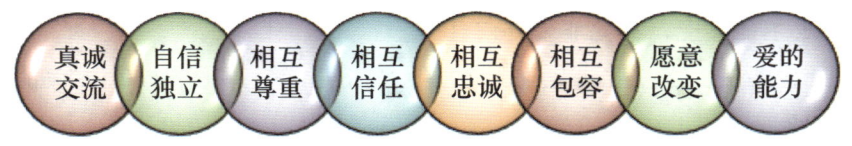

真诚交流　自信独立　相互尊重　相互信任　相互忠诚　相互包容　愿意改变　爱的能力

图 5-17　恋爱成功的影响因素

补血三：维护爱的有效方式

恋爱中，两人发生矛盾冲突是非常正常的，处理和化解矛盾需要双方的智慧和努力。

- 出现矛盾问题时，应该保持冷静。
- 明确彼此的底线。
- 用柔和的语气沟通。

希望以下的故事能帮助你更好地吸收来自"爱的维护"的新鲜血液，积累更多的青春财富。

闯关财富库

故事：皎钰的表姐看到皎钰在和辰璋交往，担心皎钰受伤害，给她讲自己曾经恋爱的故事。她说：在第一次谈恋爱时，为讨对方喜欢，不管天气多冷，她都穿男生喜欢的短裙和长筒袜。为了给男友买一款他喜欢的运动鞋，她只吃泡面拼命攒钱。她和男朋友一起外出爬山时，因腿疼拖了后腿。男朋友抱怨她："你整天围着我转，没有一点想法，跟你这种人在一起真没劲！"表姐感觉很委屈，百思不得其解，陷入抑郁困扰。后来经小姐妹提醒，她意识到：自己在恋爱中百般讨好男友，完全失去自我，被嫌弃也很正常。后来，她慢慢尝试改变自己，学习独立，变得自信，以平等、互爱、负责的标准找到现在的老公。她希望皎钰能有所启发。

活动 4　爱的成长

闯关任务书

辰璋和皎钰是异性好友，相处一段时间后，辰璋觉得皎钰矫情任性，有"公主病"；皎钰觉得辰璋不懂得体贴和关心女生。两人常常因为遇事观点和应对方式不同而发生吵架，相处得十分不愉快。同时迫于老师、家长以及学习的压力，辰璋开始疏远皎钰。皎钰对辰璋的行为很不理解，也不能接受，感觉非常郁闷。

"爱的成长"闯关目标如图5-18所示。

寻找爱的成长点　面对爱的失去

图5-18　"爱的成长"闯关目标

【闯关活动1】遇到问题恰是成长的时机，请你帮助辰璋和皎钰通过他们交往中遇到的问题获得成长。

第1步：请你谈谈：辰璋和皎钰交往中遇到什么问题？你如何看待这些问题？

_____

_____

第2步：请你找小组伙伴相互交流看法，然后一起探讨：辰璋和皎钰通过他们的交往问题可以获得哪些成长？

_____

_____

第3步：如果想要获得更多寻找爱的成长相关知识，请跳转至本书第111页，打开【闯关攻略5-8-7】去补血和积累财富。请在下面横线上写出你补血和积累财富成功后，对问题中寻找成长点什么新的想法。

_____

_____

主题五 爱与责任的培育

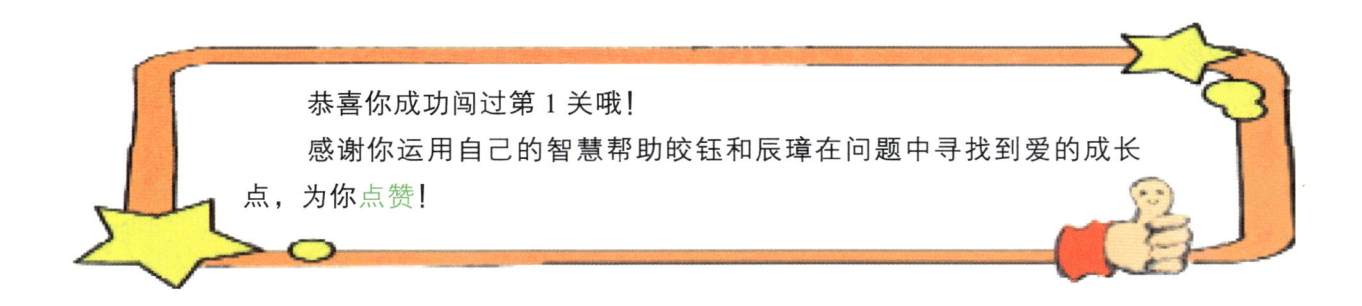

恭喜你成功闯过第1关哦！
感谢你运用自己的智慧帮助皎钰和辰璋在问题中寻找到爱的成长点，为你点赞！

【闯关活动2】异性交往的目的是相互促进、共同成长，如果事与愿违，终止交往也是正常的。但辰璋采用疏远的方式终止交往，让皎钰感到很郁闷，这不是他们想要的结果，请你帮助他们探寻更好的应对方法。

第1步：请你给辰璋一些建议：在终止交往时，怎样做才能保护两人不受伤害？

第2步：请你找小组伙伴交流想法。然后和小组伙伴一起探讨：皎钰面对被动终止交往时，怎么做才能帮到自己？你可以可小组伙伴通过模拟演练的方式检验做法效果。把你觉得有效的方法收藏一下。

第3步：如果想要获得更多面对爱的失去相关知识和技能，请跳转至本书第112页，打开【闯关攻略5-8-8】去补血和积累财富，然后再去修改完善你的有效应对方法。

谢谢你的分享，长见识啦！
恭喜你通过自己的智慧和思考连续闯过2关，顺利通过活动4"爱的成长"，成功进阶。
祝贺你成功获得通关卡！

通关卡

闯关交流群

亲爱的同学，当你"爱的成长"闯关成功后，相信你一定有许多宝贵的想法，想要和你的小伙伴们分享吧。现在邀请你进入"闯关交流群"，尽情地分享吧！

置顶留言

1．异性交往过程中，有可能会面对分手，可能会感到郁闷、痛苦、悲伤、失落、羞耻，这都是正常的心理活动。

2．正确分析分手原因，不要自卑，不要纠缠，不要拖拉。将分手看作多一次重新选择的机会，也是一种成长。

3．接受分手的现实，忘记该忘记的，记住该记住的，接受该接受的，改变能改变的。两人是善待对方，一个人是善待自己。

4．情感的美好源于从中学会了爱别人和爱自己，获得了幸福的能力，这也是一笔最大的收获。

亲爱的同学，现在你可以凭借通关卡，带着图5-19中积累的血量和财富，信心满满地进入任务九"掌控爱的权利"，继续闯关吧！

■ 我补充的血量有：

■ 我获得的财富有：

■ 我的新想法是：

图5-19 积累的血量和财富

【闯关攻略 5-8-7】寻找爱的成长点

闯关补血站

补血一：恋爱与失恋

● 恋爱是深入了解异性、发展性别角色、寻找结婚对象、理解家庭生活、获得交往快乐以及培养平等、互爱、责任感的过程。

● 恋爱中发生矛盾冲突是正常的事，如果两人不积极沟通解决，也不愿意改变自己，则关系会退化，感情会转淡，直至分手，面对失恋。

补血二：结束恋情的 9 个注意事项

- 观察对方情绪状态，做好铺垫，适时切入。
- 态度坚定，真诚告知缘由，不否定不贬损对方，不生硬扯断关系。
- 拿捏说话技巧，提出建议性的语言，留给对方思索的时间和空间。
- 避免死缠烂打、自伤自残、打击报复、怀恨在心。
- 痛苦悲伤难以自我调节，可向同学、朋友倾诉，也可向老师或心理医生求助。
- 不适宜在节日、对个人具有重要意义的纪念日及重要的时间点提出分手。
- 不宜在容易发生危险或意外的地方提分手，宜选择开场、有旁人在场，但不会被骚扰而且安静的公共地方。
- 提出分手时，不宜批评对方、攻击对方。宜肯定对方以往的付出，但在肯定之余，勿让对方误会以为可以挽回感情。
- 分手要有仪式感，照顾对方的心情状态，要给予对方合理解释。突然消失，不清不楚，没有解释的无疾而终，将为对方留下无数个问号，心中怨愤难平，较易做出极端的冲动行为。

闯关财富库

故事： 秦纯的姐姐在上大学时曾经遇到跟辰璋类似的交往经历。当她感觉自己和男友感情没有继续发展的空间时，想要提出分手，但想来想去不知道怎么办。刚开始时她不接听男友的来电，也不回复他信息，之后便删除微信、QQ好友，并在校园中有意回避见面，希望男友能明白她的意思。

后来，从同学那里了解到，自己这样做已经深深地伤害了男友。后来，她向学校心理老师求助，协商确定尝试采用面对面真诚表达方式跟男友表明心意并说明理由，最后获得男友的理解，平和地分手。更让人佩服的是，他们现在仍旧保持朋友关系。

【闯关攻略 5-8-8】面对爱的失去

闯关补血站

补血一：哀伤的五个阶段（图 5-20）

每个人的生活都会经历一些无可避免的伤痛，遭到突如其来的不幸打击或者痛失所爱。

美国心理学家伊丽莎白-库伯勒-罗丝，提出的"**哀伤的五个阶段**"，是许多人在经历悲痛时的共同历程。

否认	愤怒	协商	绝望	接受
·拒绝相信或拒绝承认已经发生的事实	·人会变得愤怒，需要找到合理的方式释放这种愤怒，防止对自己或他人造成伤害	·讨价还价，希望奉献一些东西来改变已经发生的事实	·最难渡过的关口，人会觉得疲倦、无精打采、生活无目标、感到愧疚、无快乐和满足感，注意保护自己	·意识到生活必须继续下去，开始接受失去的事实，为达到未来的目标而努力

图 5-20 哀伤的五个阶段

主题五 爱与责任的培育

温馨提示

- 悲伤到难以自拔的时候请向朋友倾诉，也请不要羞于寻求专业帮助。
- 每个人经历悲伤的过程都是不同的。以上的五个阶段仅作为一种参考模式。
- 相信每个遇到悲伤事情时最后都一定会做到接受，只是需要一些时间。

闯关财富库

故事：皎钰和辰璋分手后，非常痛苦，这种情绪影响了她的正常学习和生活。皎钰找表姐谈心，表姐跟她分享自己失恋的故事，并告诉皎钰说："爱情是人生中美好的情感，当失去时，感觉痛苦、伤心都是正常的。然而长时间沉浸在这种不良的情绪中，伤害最多的还是你自己。"还说："恋爱经历最宝贵的地方是帮助一个人更了解自己，学会爱别人和爱自己，获得让自己幸福的能力。"皎钰觉得表姐说得有道理，但感觉想要走出情绪困扰很难。

表姐表示理解，鼓励皎钰说："走出来需要时间，慢慢来。"后来，在表姐和好友婕嬿的陪伴和帮助下，皎钰将注意力转移到学业和班级活动中，慢慢地调整好自己的心情，走出被分手的困境。

任务九　掌控爱的权利

本任务设置了 3 个闯关活动，欢迎你来闯关！预祝你闯关成功哦！

活动1　爱情和性的关系

闯关任务书

婕嫌和皎钰是一对无话不说的好闺蜜。这几天，婕嫌看到皎钰老是愁眉苦脸的样子，便询问皎钰发生了什么事。皎钰有些不好意思地说：和辰璋分手后又喜欢上了艾亦，艾亦也喜欢自己，两人单独在一起时看书学习、逛街娱乐，这些都让皎钰感觉很好。可是艾亦最近有拉手、拥抱等行为，甚至提出要发生性行为，理由是"性就是爱，爱就是性"。皎钰不赞成这样的看法，可又不知道怎么说服艾亦，陷入苦恼中。婕嫌听后也有些手足无措。

"爱情与性的关系"闯关目标如图5-21所示。

尊重爱情与性的观点
了解性的涵义

图5-21　"爱情与性的关系"闯关目标

【闯关活动1】请你帮助皎钰想想应对方法。

第1步：请你说说自己对皎钰苦恼的事怎么看。并和小组伙伴相互交流观点。

第2步：请你和小组伙伴一起探讨：皎玉怎样做才能说服艾亦，和艾亦达成共识？印象深刻的想法，收藏一下。

第 3 步：如果想要了解更多有关爱情与性的知识，请跳转至本书第 117 页，打开【闯关攻略 5-9-1】去补血和积累财富，然后再返回修改完善你的建议及建议理由。

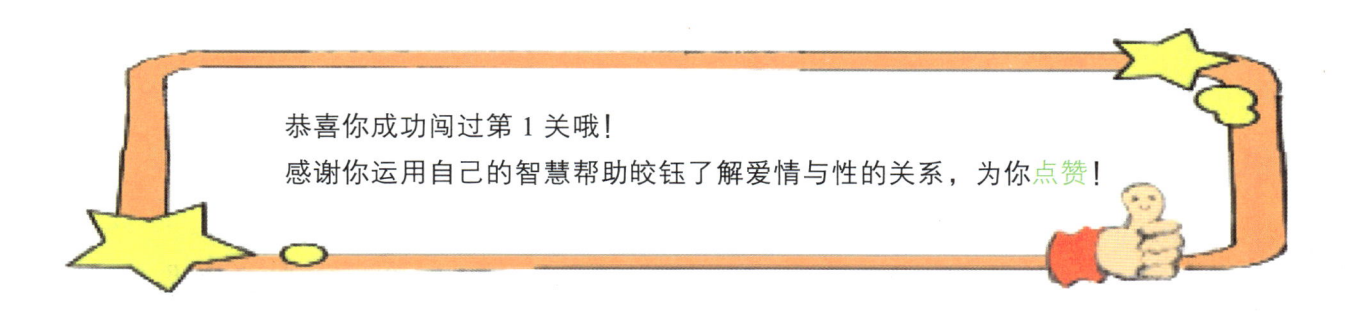

恭喜你成功闯过第 1 关哦！
感谢你运用自己的智慧帮助皎钰了解爱情与性的关系，为你点赞！

【闯关活动 2】婕嫌和皎钰觉得想让艾亦对爱情与性的关系有更多了解，必须和艾亦澄清爱情与性的观点。请你帮助婕嫌和皎钰模拟下具体的澄清方法吧。

第 1 步：表 5-2 中呈现了爱情与性的五种有代表性的观点，请你在自己同意的观点下打钩，可以多选，同时写下你的理由。

表 5-2 爱情与性的五种有代表性的观点

观点	有爱无性	先有爱才有性	爱与性同时有	先有性才有爱	有性无爱
是否同意					
理由					

第 2 步：请你找身边的小伙伴先相互分享一下自己的想法。对双方有分歧的观点进行讨论，并写下讨论结果。

第3步：如果想要了解更多爱情与性的观点，请跳转至本书第118页，打开【闯关攻略5-9-2】去补血和积累财富。请在下面横线上写出你补血和积累财富成功后，对爱情和性有哪些新的想法。

_____

_____

谢谢你的分享，长见识啦！

恭喜你通过自己的智慧和努力连续闯过2关，顺利通过活动1"爱情与性的关系"，成功进阶。

祝贺你成功获得通关卡！

闯关交流群

亲爱的同学，当你"爱情和性的关系"闯关成功后，相信你一定有许多宝贵的想法，想要和你的小伙伴们分享吧。现在邀请你进入"闯关交流群"，尽情地分享吧！

置顶留言

1. 当男人和女人发育成熟，并且完全了解生殖健康，避免非意愿妊娠和预防性传播疾病的知识时，他们才有可能开始一个安全和健康的性关系。
2. 青少年应该以健康、负责、积极向上的态度对待爱情、性和生活。
3. 爱与性甚是美好，爱与性需要等待，美好的性需要成熟的爱。

主题五 爱与责任的培育

亲爱的同学，现在你可以凭借通关卡，带着图5-22中积累的血量和财富，信心满满地进入活动2"婚前性行为的思考决定"继续闯关吧！

■ 我补充的血量有：

■ 我获得的财富有：

■ 我的新想法是：

图5-22 积累的血量和财富

【闯关攻略5-9-1】爱情和性的关系

闯关补血站

补血一：性的含义（图5-23）

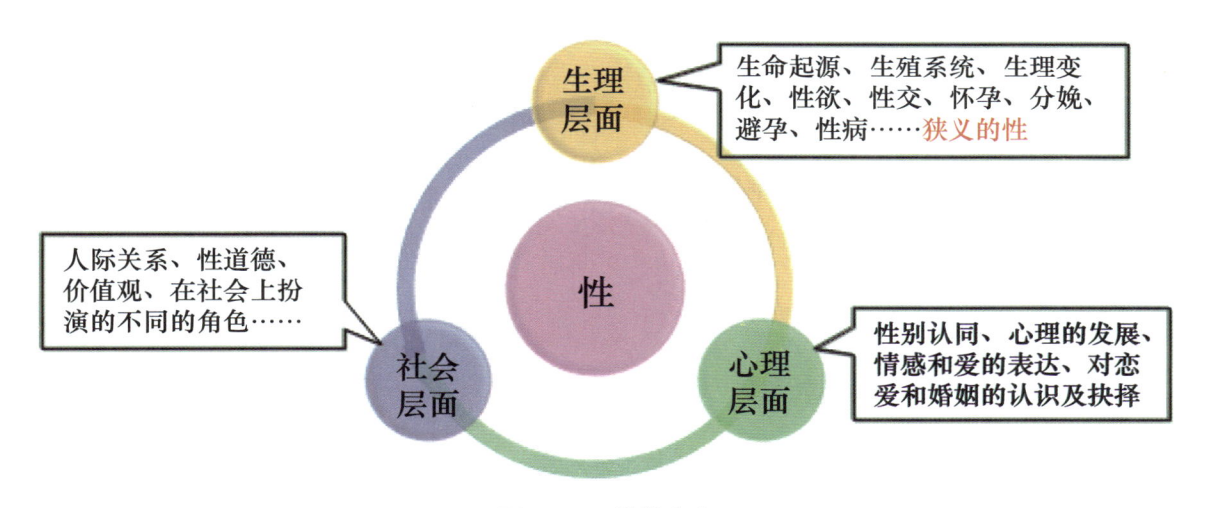

生理层面：生命起源、生殖系统、生理变化、性欲、性交、怀孕、分娩、避孕、性病……狭义的性

社会层面：人际关系、性道德、价值观、在社会上扮演的不同的角色……

心理层面：性别认同、心理的发展、情感和爱的表达、对恋爱和婚姻的认识及抉择

图5-23 性的含义

补血二：性心理的发展历程（表5-3）

性心理是指人对性别特征的认识，对性生理变化及与异性交往的内心体验。

117

表 5-3 性心理的发展历程

内容	初期	中期	后期
女生年龄	9～13岁	13～16岁	16岁以上
男生年龄	11～15岁	14～17岁	17岁以上
发展特点	开始了青春期，适应了青春期的变化和第二性征，注重自己的外表、形象	注重与同学、朋友间的关系，在关心自己的同时，开始注意周围的人与事	个人形象思维及性别角色的认识接近完成，注重与异性的感性关系

闯关财富库

故事：艾亦最近老是心神不宁，晚上睡觉总是梦见皎钰，看到笑意盈盈的皎钰，他很有冲动想去拥抱她、亲吻她，可是皎钰告诉他不能这样做，这让艾亦很难受。

他找到了班主任史老师谈心，聊天中艾亦明白了由于身体的发育，受到激素等影响会产生性冲动，引起生理反应，这是正常的，并不是不健康的、丢人的事。我们应当科学客观地看待性冲动。多参加集体活动，特别是健康正常的群体性的男女生交往。另外可以通过多运动发泄过剩的精力。

【闯关攻略 5-9-2】爱情和性的关系

闯关补血站

补血一：**性爱误区**

- 青少年要走出性爱误区：以为用性可以代表对对方的爱。
- 爱一个人，首先应该尊重他（她），不要勉强他（她）做不愿意做的事。
- 过早地发生性行为会使双方承受的伤害更大。

补血二：爱与性的关系（5-24）

图 5-24 带来伤害的性行为

希望以下的案例能帮助你更好地吸收来自"爱情与性的关系''"的新鲜血液，积累更多的青春财富。

闯天财富库

故事： 通过班主任的谈心，伙伴们的建议，艾亦虽然能在皎钰面前克制自己的性冲动，但总还是会想着那些事，他很想知道同龄人的想法，又不好意思开口问，于是他和皎钰来到了图书馆，查阅了一些文献资料。在《中职学生性健康教育现状及对策研究》调查中，他们看到，有26%学生认为婚前性行为可以稳固爱情关系；11%学生认为如果两人真心相爱，就可以有性行为，且45%学生对此观点表示不支持也不反对。59%学生同意一对恋人准备结婚的话，那两人之间提前发生性关系是完全可以接受的。由此可见，有相当一部分同学对爱情和性是存在误区的。艾亦和皎钰觉得这一课对自己还有同龄小伙伴都很重要，大家应该认真对待。

活动 2　婚前性行为的思考决定

闯关任务书

皎钰和艾亦恋爱了，两人形影不离，彼此关心着对方。一天，他们去看电影，电影中恋爱的男女发生了婚前性行为，女孩怀孕了。艾亦对皎钰说："如果是我，一定不会让你怀孕。"艾亦偷偷看了看皎钰，他很喜欢她，有过想要和她发生性行为的冲动。他很犹豫，能否向她提出这样的要求？皎钰听了大吃一惊，她也很喜欢艾亦，也有过想要和他发生性行为的冲动，但还没有做好准备。她很担心，如果艾亦真的向她提出想要发生性行为，到时她该如何决定？

"婚前性行为的思考决定"闯关目标如图 5-25 所示。

把握婚前性行为的决定权
明确婚前性行为的态度

图 5-25　"婚前性行为的思考决定"闯关目标

【闯关活动 1】艾亦受电影情节影响，对皎钰表明自己对婚前性行为的态度，让人感动，但皎钰对婚前性行为的决定存在许多困惑，请你帮助皎钰拓展一下。

第 1 步：请你说说自己对婚前性行为的看法及理由。

第 2 步：请你和全班同学组织一次辩论赛：主题为"婚前性行为，YES 还是 NO？"谈谈自己的想法，听听对方的想法，把印象深刻的观点，收藏一下。

第 3 步：如果想要了解更多有关婚前性行为的观点，请跳转至本书第 123 页，打开【闯关攻略 5-9-3】去补血和积累财富。你和小伙伴们对性欲和性行为的认识是否正确？请返回第 1 步对错误的认识进行修改，并完善。

主题五　爱与责任的培育

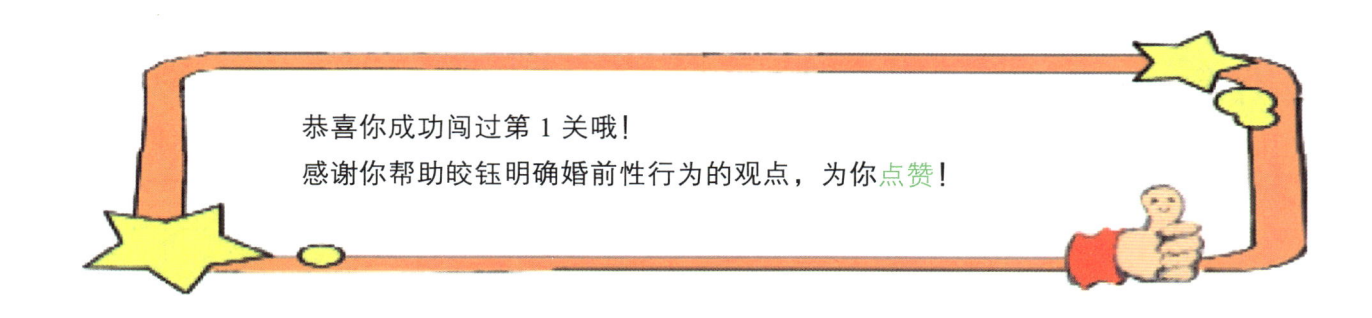

恭喜你成功闯过第 1 关哦！
感谢你帮助皎钰明确婚前性行为的观点，为你点赞！

【闯关活动 2】皎钰相信艾亦对自己的承诺是发自内心的。但她担心自己在做决定时会被影响，做出令自己后悔的决定。现在请你帮助皎钰和艾亦示范一下，如何才能做出安全、健康、负责任的决定。

第 1 步：请你帮助分析一下并填写在表 5-4 中：如果艾亦向皎钰提出发生性行为要求，皎钰可能会有哪些做法？原因是什么？可能的结果？

表 5-4　皎钰的做法

可能会怎么做？	这样做的原因是什么？	结果可能是什么？

第 2 步：请你和小组伙伴一起讨论：想要做出安全、健康、负责任的决定，理智思考和智慧决定的过程需要包括什么？印象深刻的内容，收藏一下。

第3步：如果想要了解更多理智思考和智慧决定的技巧，请跳转至本书第125页，打开【闯关攻略5-9-4】去补血和积累财富。请在下面横线上写出你补血和积累财富成功后，对婚前性行为的思考决定有哪些新的想法。

_____

_____

You Win

谢谢你的分享，长见识啦！

恭喜你通过自己的智慧和努力连续闯过2关，顺利通过活动1"婚前性行为的思考决定"，成功进阶。

祝贺你成功获得通关卡！

闯关交流群

亲爱的同学，当你在"婚前性行为的思考决定"闯关成功后，相信你一定有许多宝贵的想法，想要和你的小伙伴们分享吧。现在邀请你进入"闯关交流群"，尽情地分享吧！

置顶留言

1. 情侣间在亲密的接触中会有性冲动，产生想要发生性行为的想法，这是非常正常的生理和心理表现，男女间没有差异。

2. 是否发生婚前性行为，这个决定必须是负责任的、深思熟虑后做出的，并且要遵循"平等、自愿、安全"的原则。

3. 每件事情都会有多种选择，每种选择都会有一定的理由，要学会分析每种选择的利和弊，做出审慎、负责任的决定。

主题五 爱与责任的培育

亲爱的同学，现在你可以凭借通关卡，带着图5-26中积累的血量和财富，信心满满地进入活动3"婚前性行为的拒绝妙招"继续闯关吧！

■ 我补充的血量有：

■ 我获得的财富有：

■ 我的新想法是：

图5-26　积累的血量和财富

【闯关攻略5-9-3】婚前性行为的观点态度

闯关补血站

补血一：性欲、性冲动和性行为

- 性欲是对性行为的欲望，是人类本能之一。性欲在青春期之前不明显，青春期后随着性发育逐渐增强并成熟。

- 性冲动是在性激素和内外环境刺激的共同作用下，对性行为的渴望与冲动。它是生理和心理的综合反应，常伴有生殖器官的充血以及心理上的激动和欣快。男女从青春期开始，都会产生性冲动。

- 性行为指旨在满足性欲和获得性快感而出现的动作和活动，可分为狭义和广义两种。狭义性行为专指性交，具有生殖意义。广义性行为指接吻、拥抱、爱抚、自慰等各种性刺激形成的行为。

123

> **温馨提示**
> ● 性欲可通过自慰或性交行为得到释放，也可以随着性刺激的减弱而自然消退。
> ● 性行为是种族延续的方式，是很自然、正常的事情。接吻、拥抱、爱抚、自慰等行为不会让女性怀孕，但性交行为会让女性怀孕。
> ● 性发育尚未完全成熟的男女发生性行为，可能会造成双方身心的伤害。性发育成熟的男女发生性行为，可以使女性怀孕，并生育后代。
> ● 多个性伴侣的性行为，还会导致如梅毒、淋病、艾滋病等性传播疾病的发生。

希望以下的案例能帮助你更好地吸收来自"性行为的态度"的新鲜血液，积累更多的青春财富。

闯关财富库

故事1：皎钰和艾亦早已进入青春期，在亲密的接触中拥抱、接吻、产生"想要发生性行为的冲动"，是非常正常的生理和心理表现。

故事2：艾亦对皎钰说"如果是我，一定不会让你怀孕"，说明对于他们这个年龄段的青年人来说，对于发生性行为的后果了解得并不全面。

故事3：皎钰对于发生性行为"还没有做好准备"的心理并不特别，因为人类的性行为绝不仅仅是为了满足性欲的需求和生育后代，它还受到社会性行为规范、性道德以及法律的约束。

补血二：性道德

● 虽然性是正常的生理和心理需求，但是这并不意味着可以随心所欲地满足自己的性欲和性冲动。因为性，不仅是个人的，还要受到社会和道德法律诸多方面的约束。

● 性道德是两性关系的道德规范和行为准则，也是每个人性行为的道德规范（图5-27）。

自愿原则	无伤原则	爱的原则	合法原则	隐秘原则	性禁忌原则
以不违反社会公德为前提	不伤自己，不伤对方，不伤后代，不影响社会稳	人类的性行为源于爱，但性不是爱的代名词	性行为受到法律和道德规范的制约	性行为属于个人隐私，应注意隐蔽保密	性行为要遵循家庭伦理道理，预防疾病的发生

图5-27 性道德标准

希望以下的释义能帮助你更好地吸收来自"性道德"的新鲜血液，积累更多的青春财富。

闯关财富库

释义1：皎钰认为只有在结婚后才能发生性行为，坚决反对婚前性行为。艾亦尊重皎钰的选择，表示婚前不与她发生性行为。说明他们遵循的是"自愿""合法"的性道德规范。

释义2：艾亦想和皎钰发生性行为，但是皎钰拒绝了他。艾亦有些生气，他想："皎钰一定不爱我！如果爱，就应该和我做爱。"说明他错误地理解了爱情和性行为的关系。

释义3：艾亦和皎钰有时情难自禁，在教室里也搂搂抱抱，不时接吻，全然不顾周围同学的尴尬，说明他们违反了性道德的"隐秘原则"。

释义4：如果两个人在决定发生婚前性行为之前，进行了充分的交流，了解彼此真正的想法，评估了可能带来的影响，并且认真学习了常用避孕的方法。说明他们对自己的性行为是负责任的。

【闯关攻略 5-9-4】婚前性行为的决定

闯关补血站

补血一：如何做决定

每个人都希望自己在重要事情上能够做出正确的决定，但是由于种种原因，很多时候我们会陷入难以决断的焦虑中。我们需要学会理智思考和智慧决定的过程（图5-28）。

1. 保持冷静
   · 焦虑、恐惧、压力或生气时，要尽量避免立即做出判断，等头脑清醒了再做决定
2. 澄清问题
   · 清楚自己面临什么问题，了解相关情况
3. 选择清单
   · 列出能够想到的所有选择
4. 权衡利弊
   · 列出各项选择的利弊清单，对照比较做出正确可行的决定
5. 征求意见
   · 与你信任的人（父母、朋友或其他关心你的人）商量，寻求他们的帮助
6. 坚定执行
   · 避免外界干预，包括金钱、物质的诱惑，或者受到来自外界的压力

图 5-28 理智思考和智慧决定的过程

补血二：做负责任的决定

表 5-5 这个关于婚前性行为的表格，将有助于你做出正确的选择。

请按照自己的真实想法在每个观点后选择一项画上"√"，根据确定项的多少做出决定。

表 5-5　关于婚前性行为的表格

观点	是	否	不确定
我认为我具有自己做决定的能力，包括是否发生性行为			
我在做决定前经过了深思熟虑			
我的决定没有金钱和物质的影响			
我的决定不是在同伴压力下做出的			
我的决定没有受到外来的胁迫			
我的决定没有违反国家的法律法规			
我已经和我的伴侣谈论过婚前性行为，并且想法一致			
我们的决定没有对其他人造成伤害			
我对我的伴侣很了解，包括性经历			
我认为我自己具备了发生性行为的生理条件			
我已经做好了发生性行为的心理准备			
我已经充分了解了婚前性行为可能带来的风险			
我已经掌握了应对婚前性行为风险的技能，包括避孕的方法和预防性传播疾病的知识			
如果发生意外，我知道在哪里，找谁能得到可靠的帮助			
我具备了应对家庭和社会对于婚前性行为不同意见的能力			

希望以下的案例能帮助你更好地吸收来自"婚前性行为的决定"的新鲜血液，积累更多的青春财富。

主题五 爱与责任的培育

闯关财富库

故事1：皎钰和艾亦参加同学聚会，皎钰喝多了，神志有些不清。在送她回家的路上，艾亦提出想要和她发生性行为。皎钰听到了，但是不理解是什么意思。这时皎钰的头脑混乱，无法为自己做出正确的决定。

故事2：艾亦想和皎钰发生性行为，因为害怕遭到拒绝，一直没有说出口。巴霖知道了对他说，很多情侣都发生了性行为，他到现在都没有尝试发生，太不男人了。艾亦听了很生气，他决定今晚就和皎钰说。他的决定是在同伴压力下做出的，是不理智的。

活动3　婚前性行为的拒绝妙招

闯关任务书

皎钰和艾亦经过深思熟虑，决定暂时拒绝婚前性行为，但是这个决定都没有和对方进行交流。最近，他们听说有些人，开始时也不想发生性行为的，但是由于对方的软磨硬泡，最终还是发生了。他们都很担心，如果自己遇到这种情况，是否有能力应付？

"婚前性行为的拒绝妙招"闯关目标如图5-29所示。

练习拒绝的技巧
学会拒绝的思考

图5-29　"婚前性行为的拒绝妙招"闯关目标

【闯关活动1】如果皎钰或艾亦向对方提出性行为的要求，而对方并不想，但又怕拒绝了会使对方离开自己。请你帮助他们了解拒绝的技巧和方法。

第1步：请写出一件你最近遭遇的，因没有拒绝做出的违背自己意愿的事情，以及这件事对你带来的影响。

第 2 步：请写出至少 3 条当时没有拒绝的理由，并按照看重程度进行排序。

_____

_____

第 3 步：假设你当时拒绝了，会带来什么后果？至少写出 3 条以上，并按照看重程度进行排序。

_____

_____

第 4 步：拒绝是一种能力，如果想要了解更多拒绝技巧。请跳转至本书第 130 页，打开【闯关攻略 5-9-5】去补血和积累财富。请在补血和积累财富成功后，对第 2 步和第 3 步中的排序进行修改。然后在下面横线上写出你的心得和想法。

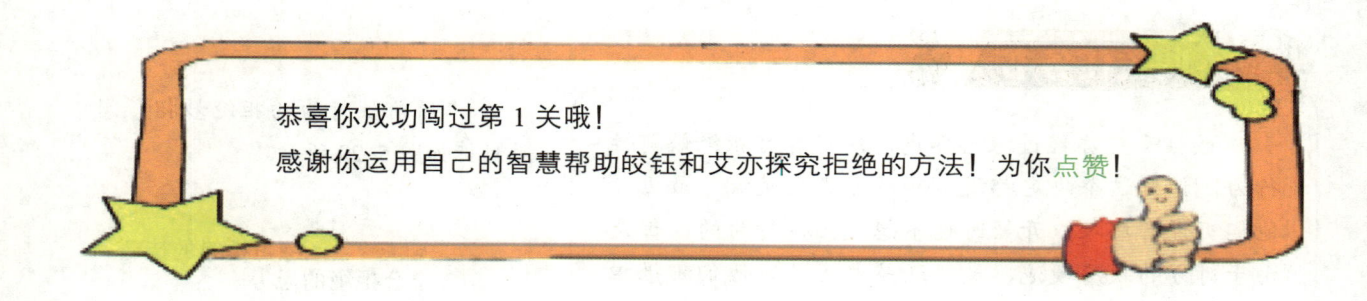

_____

_____

恭喜你成功闯过第 1 关哦！
感谢你运用自己的智慧帮助皎钰和艾亦探究拒绝的方法！为你点赞！

【闯关活动 2】性冲动是一种生理需要，有时冲动会大于理智。拒绝是一种技巧，需要练习才能掌握。现在请你帮助艾亦和皎钰示范模拟演练，提升拒绝技能，保护彼此承诺。

第 1 步：请写下你认为有效的拒绝性行为要求的方法。

_____

_____

第 2 步：请你找身边的小伙伴进行模拟演练，选出大家普遍认可的最有效的拒绝方法（表5-6）。

表5-6 最有效的拒绝性要求的理由

性要求的理由	拒绝的理由
别的恋人都发生了，我们那么相爱，就试试吧。	
有性要求是正常的，而且性行为会使我们更亲近，我们来试试吧。	
我们大家都彼此那么爱着对方，还有什么不可以做的。	
来啦，我们都是大人了，都已经成熟了，还等什么。	
我们上次不是都已经试过啦，感觉也不错，这次你怎么不愿意？	
我太爱你了，有些控制不住，现在就想发生！	
拥抱使我很兴奋，如果你真的爱我，就证明给我看！	
我知道你其实同我一样很想试试的，为什么不试试呢？	
如果你不肯，就说明你不爱我，那我就找别人了！	

第3步：如果想要了解更多拒绝性行为的技巧，请跳转至本书第132页，打开【闯关攻略5-9-6】去补血和积累财富，并返回第1步汇总你收集到的拒绝妙招。

恭喜你成功闯过第2关哦！

你通过自己的智慧和努力连续闯过2关，顺利通过活动3"婚前性行为的拒绝妙招"，成功进阶，祝贺你成功获得通关卡！

闯关交流群

亲爱的同学，当你在"婚前性行为的拒绝妙招"闯关成功后，相信你一定有许多宝贵的想法，想要和你的小伙伴们分享吧。现在邀请你进入"闯关交流群"，尽情地分享吧！

> **置顶留言**
>
> 1. 拒绝是每个人的权利，你有说"不"的权利，也应尊重他人说"不"的权利。
> 2. 对于非意愿的性要求，你可以勇敢拒绝，必要时还可以通过报警等手段维护自己的权益。
> 3. 拒绝需要打定主意、拿出勇气，使用有效的技巧才能获得成功。

亲爱的同学，现在你可以凭借通关卡，带着图 5-30 中积累的血量和财富，信心满满地继续闯关任务十"承担爱的责任"吧！

- 我补充的血量有：
- 我获得的财富有：
- 我的新想法是：

图 5-30　积累的血量和财富

【闯关攻略 5-9-5】学会说"不"

闯关补血站

补血一：可以说"不"

"拒绝"是一种权利，可以说"不"。

> **温馨提示**
>
> 每个人都是自由而独立的，都有自己的原则和底线，都有按照自己的意愿做决定、做事情的权力，可以说"不"。捍卫自己的权利没有过错。
>
> 当他人的要求符合如下情形时，可以说"不"：
> - 不符合自己的原则或意愿时；
> - 超出自己的能力范围时；
> - 可能伤害到自己或他人时；
> - 自己有要紧事时；
> - 不符合社会伦理和道德规范时；
> - 违反国家法律法规时。

补血二：勇敢说"不"（图 5-31）

- 捍卫权利需要拿出勇气，要勇敢说"不"！
- 拒绝是一个人有原则的表现。要敢于拒绝，也要善于拒绝，在拒绝的时候也需要讲求方式方法。

1. 明确底线
· 清晰地了解自己的好恶与原则，无须为他人而放弃

2. 认清实力
· 做力所能及的事，做不到的事要及时拒绝

3. 独立自主
· 拒绝的想法源自于你的内心，而不是因为外界的压力

4. 拒绝诱惑
· 推迟满足感，不为一时的快乐和满足放弃原则

5. 当机立断
· 感受到不欢迎、不想接受的语言、行为或身体接触时，要立即拒绝，不能犹豫不决

6. 勇于承担
· 拒绝带来的后果，即使出乎意料，也能坦然接受

7. 态度坚定
· 即便拒绝遭到抵制，也要坚定、坚持

图 5-31　勇敢说"不"

希望以下的案例能帮助你更好地吸收来自"学会说'不'"的新鲜血液，积累更多的青春财富。

闯关财富库

故事 1：皎钰和艾亦正在看电影，镜头出现一对情侣在亲热。艾亦忍不住也要与皎钰接吻，而皎钰觉得让周围的观众看到很尴尬。这时她应该对艾亦说："不行！我不喜欢这样"。

故事 2：皎钰表姐的男朋友婚前曾提出性要求，表姐不同意，对方提出如果不答应就分手。表姐觉得对方不尊重自己的选择，还强迫或威胁自己，觉得这样的男友不靠谱。她坚持自己的意愿，没有因害怕失去而顺从对方。现在回想起来觉得自己当时的决定是明智之举。

【闯关攻略 5-9-6】 拒绝性行为的小妙招

闯关补血站

补血一：拒绝性行为的原则

- 无论男性或女性，当遇到超越了可以接受的亲密界限行为时，就要坚决拒绝！
- 拒绝性行为要求的最好理由是："如果你爱我，就不会让我做我不愿意做的事。"

补血二：拒绝性行为的妙招

1. 语言的拒绝（表 5-7）

表 5-7 语言的拒绝

性要求的理由	拒绝的理由
别的恋人都发生了，我们那么相爱，就试试吧。	别人是别人，我们是我们，我还没有想好。我相信好多人都不会这样做。
有性要求是正常的，而且性行为会使我们更亲近，我们来试试吧。	我知道有性要求是正常的，我可以理解你，但是你有没有想过"试试"会带来什么后果？我们之间的交流和尊重也会使我们更亲近。
我们大家都彼此那么爱着对方，还有什么不可以做的。	但是，我们还没有足够的准备，我还要好好想一下。
来啦，我们都是大人了，都已经成熟了，还等什么。	成熟的人做什么事都会想得清清楚楚，并会考虑后果。不如我们先讨论一下做过之后，会有什么样的后果和责任？你说好不好？

续表

性要求的理由	拒绝的理由
我太爱你了，有些控制不住，现在就想发生！	你太冲动啦！如果你爱我，你应该顾及我的感受。
拥抱使我很兴奋，如果你真的爱我，就证明给我看！	我不想的！爱不是这样证明的吧！ 不如我们冷静一下好不好！
我知道你其实同我一样很想试试的，为什么不试试呢？	其实你都不知道我想要什么，证明你都不了解我！我要的，是真正关心我并尊重我的人。
如果你不肯，就说明你不爱我，那我就找别人了！	我觉得你好不尊重我！你真的爱我？如果你真是这样想的，我倒要好好想想，你是否真的值得我爱。

2. 肢体的拒绝（图 5-32）

1. 抬头直视对方、表情严肃、摇头拒绝
- 如果此时你们正在进行拥抱、接吻等亲密的身体接触，要立即终止接触，挣脱对方的怀抱，转身离开

2. 脱离只有两个人的暧昧环境，有利于让性冲动平复
- 如果是遭遇到性骚扰和性侵害，这一点更重要。要尽快逃离现场，到人多的地方，不给施害者有可乘之机

3. 如拒绝时受到对方纠缠，可以使用防卫技巧
- 如果双方力量悬殊，或环境不利于自己，千万要保持冷静，借机逃离

图 5-32　肢体的拒绝

希望以下的案例能帮助你更好地吸收来自"拒绝性行为"的新鲜血液，积累更多的青春财富。

闯天财富库

故事：皎钰和艾亦独处一室，音响里放着暧昧的音乐，他们都有了性冲动。这时，若他们不想发生性行为，可以赶紧走到屋外，通过一起打球或者散步等方式转移注意力。

任务十　承担爱的责任

本任务设置了 2 个闯关活动，欢迎你来闯关！预祝你闯关成功哦！

活动 1　常用避孕方法

闯关任务书

皎钰生日那天，偷偷地邀请艾亦一起外出庆祝。只有两个人，艾亦提出性要求，皎钰担心怀孕，尝试用前面学到的方法拒绝，但又考虑到自己是安全期，最后没能拒绝，糊里糊涂发生了性关系。

生日后三周，皎钰的月经却一直没有来，她担心自己怀孕了。

"常用避孕方法"闯关目标如图 5-33 所示。

了解避孕的方法
了解避孕的原理

图 5-33　"常用避孕方法"闯关目标

【闯关活动 1】请你给皎钰和艾亦普及一下，怀孕要具备的生理的条件及避孕原理。

第 1 步：请回顾受孕的生理过程，有哪些环节可以抑制、阻止受孕？

_____

_____

第 2 步：请跳转至本书第 137 页，打开【闯关攻略 5-10-1】去补血和积累财富，然后再返回修改完善你的确认结果及确认理由。

_____

_____

主题五　爱与责任的培育

恭喜你成功闯过第 1 关哦！
祝贺你掌握了正确的生理知识，为你点赞！

【闯关活动 2】请你帮他们分析一下，发生一次性行为是否会怀孕及怎样避免怀孕。

第 1 步：你认为就发生一次性行为，有没有可能怀孕？安全期避孕是否安全？

_____

_____

第 2 步：图 5-34 列出了各种常见的避孕方式，请给艾亦和皎钰推荐，你会按怎样的排序推荐给他们？

| A 短效口服避孕药 | B 安全套 | C 安全期 | D 放环 |
| E 禁欲 | F 体外射精 | G 紧急避孕药 | H 其他避孕方式 |

图 5-34　常见的避孕方式

推荐排序：

_____

第 3 步：网络搜索有一些错误的知识，请跳转至本书第 138 页，打开【闯关攻略 5-10-2】去补血和积累财富。请在下面横线上写出你补血和积累财富成功后，重新填写的推荐排序。

_____

_____

135

谢谢你的分享,长见识啦!

恭喜你通过自己的智慧和努力连续闯过2关,顺利通过活动1"常用避孕方法",成功进阶。

祝贺你成功获得通关卡!

闯关交流群

亲爱的同学,当你"常用避孕方法"闯关成功后,相信你一定有许多宝贵的想法,想要和你的小伙伴们分享吧。现在邀请你进入"闯关交流群",尽情地分享吧!

置顶留言

1. 女性有了月经、男性有了遗精,就开始具备了生殖能力,只要发生性行为,哪怕只有一次,就有怀孕的可能。

2. 新生命需要的是爱和责任,如果还没准备好迎接它的到来,就一定要做好避孕防护。

亲爱的同学,现在你可以凭借通关卡,带着图5-35中积累的血量和财富,信心满满地进入活动2"应对意外怀孕"继续闯关吧!

■ 我补充的血量有:

■ 我获得的财富有:

■ 我的新想法是:

图5-35 积累的血量和财富

【闯关攻略 5-10-1】预防意外怀孕

闯关补血站

补血一：避孕

避孕就是用科学的办法，使妇女暂时不受孕。

生殖过程中三个关键环节：精子与卵子的产生、精子与卵子结合、受精卵在子宫内着床发育。避孕就是破坏或阻止生殖过程中的三个关键环节。

补血二：避孕原理（图 5-36）

抑制"种子"
· 用避孕药抑制精子与卵子的产生

阻止"结合"
· 可以用安全套阻止精子进入阴道，可以杀死已经进入阴道的精子，也可以增加宫颈黏液黏稠度，让精子没法上行

干扰"种植"
· 可以用避孕药、宫内节育器干扰子宫的内部环境，让受精卵没办法着床发育

图 5-36　避孕原理

温馨提示

- 理想的避孕方法，应该符合安全、有效、简便、实用、经济的原则。
- 对性生活及性生理无不良影响，男女双方均能接受并乐意持久使用。

希望以下的案例能帮助你更好地吸收来自"避孕的原理"的新鲜血液，积累更多的青春财富。

闯关财富库

故事：艾亦的堂哥恋爱了，他爸爸送给他一个特殊礼物——安全套。堂哥不是很明白爸爸的用意。爸爸告诉堂哥说："谈恋爱，要学会对女孩和自己负责。如果两个人有生理需要，也很正常，但要采取安全保护措施。安全套既可避孕，又可以预防性病，只要正确使用，可保护两人的安全健康。"

堂哥明白了爸爸的良苦用心，他专门去查了资料，仔细看了安全套的说明书，他要做个负责任的人，不想给女友和自己留下任何伤害。

【闯关攻略 5-10-2】常用避孕方式

闯关补血站

补血一：推荐避孕方式

常见避孕方式有安全套、避孕药、避孕环（宫内节育器）、体外射精、安全期、避孕栓、结扎、皮下埋植等。

1. 安全套（图 5-37）

- 在各种避孕方式中，只有安全套（有男用、女用两种）既可以避免意外怀孕，又可以有效避免性传播疾病和艾滋病病毒的传播。
- 男性使用安全套体现对伴侣的尊重、体贴和保护。

一看有效期　二拆要仔细　三认正反面　四排小囊气　五戴先勃起　六推到根底　七软前退出　八打结丢弃

图 5-37　安全套的正确使用方法

2. 常规避孕药（短效口服避孕药）

- 优点：方便易得，不会干扰性交过程；对于部分疾病有治疗效果。
- 缺点：需要每天服用，容易漏服。初次使用需要咨询专业医生是否有禁忌证。

3. 宫内节育器（上环）

- 必须在正规医疗场所，由专业医生进行手术。
- 不论未婚女性还是已婚女性，只要常年需要避孕，都可以采用。

补血二：其他避孕方式

（1）紧急避孕药是指在无保护性行为或避孕失败后的 72 小时内，为了防止妊娠而紧急服用的避孕药。

> **温馨提示**
> - 注意事项：紧急避孕药是在无保护性行为之后的补救措施。
> - 药片中的激素剂量较高，滥用会对女性身体造成一定伤害。
> - 绝对不能作为常规避孕手段使用！

（2）体外射精是指在性行为中，使精液射在女方体外的一种方式。

> **温馨提示**
> - 男性在射精前，阴茎已经分泌了含有精子的体液进入阴道，可能导致怀孕。
> - 体外射精避孕其实并不可靠，不建议采用！

（3）安全期避孕是对月经规律的女性，通过测算排卵期来避孕的方法（图 5-38）。

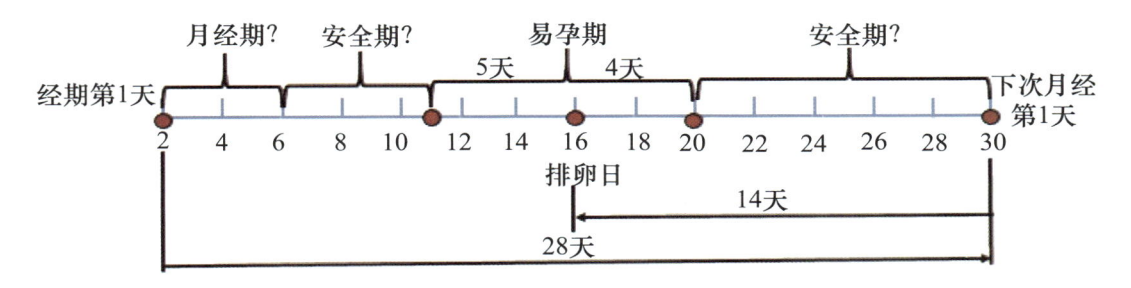

图 5-38　安全期避孕

> **温馨提示**
> - 即便月经规律的女性，月经期、排卵期都非常容易受各种因素干扰，提前或推迟，导致避孕失败。
> - 安全期避孕其实极不安全，不建议采用！

希望以下的案例能帮助你更好地吸收来自"常用避孕方法"的新鲜血液，积累更多的青春财富。

闯关财富库

故事： 皎钰表姐跟男友谈恋爱时，在一次旅行中，男友提出性要求，表姐担心怀孕，开始时拒绝，可男友说他会体外射精，不会有事。表姐不忍心拒绝，糊里糊涂就同意了。

旅行回来已经三周了，表姐的月经却一直没有来，后来去医院检查诊断为怀孕，完全出乎意料。他们还没有结婚，更没有做好要孩子的准备，绝对不可能把孩子生下来。表姐非常后悔，但没有其他办法，只能做人流手术，承担没有做好避孕措施的后果。

活动 2　应对意外怀孕

闯关任务书

皎钰的月经已经晚了两周还没有来，焦虑到整晚整晚的睡不着。艾亦觉得皎钰是小题大做，隔壁女子医院的广告牌"无痛人流，不伤身体，无碍生育"，没什么大不了。皎钰气的跟他大吵一架，哭着打电话告诉了婕嫘，问她如果真怀孕了怎么办？

"应对意外怀孕"闯关目标如图 5-39 所示。

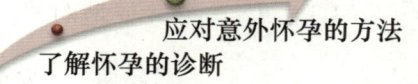

图 5-39　"应对意外怀孕"闯关目标

【闯关活动 1】皎钰的月经推迟，是不是就确定怀孕了？
月经来了，是不是就确定没有怀孕？

第 1 步：你知道怀孕会有哪些表现吗？

第 2 步：如果你是婕嫘，怎么样帮助皎钰确定她有没有怀孕？

第 3 步：请跳转至本书第 143 页，打开【闯关攻略 5-10-3】去补血和积累财富，然后再返回修改完善你的确认结果及确认理由。

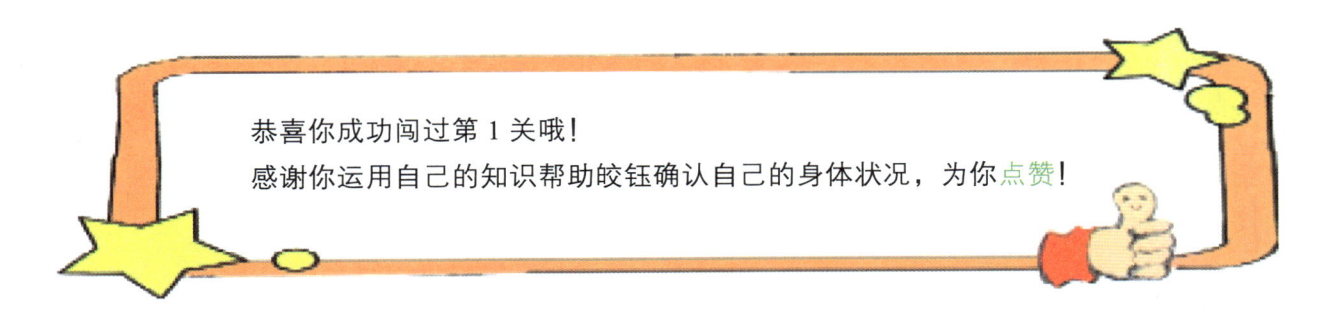

恭喜你成功闯过第 1 关哦！
感谢你运用自己的知识帮助皎钰确认自己的身体状况，为你点赞！

【闯关活动 2】婕嫌陪皎钰去药店买了早孕试纸，在婕嫌家的卫生间，偷偷做了测试，确定两条线已经怀孕。皎钰吓得不停在说："我怎么办？我妈知道了会打死我的！"她请求婕嫌和艾亦陪她去医院偷偷地做人流手术。他们不知如何是好，请你帮他们想想应对方法。

第 1 步：请你为皎钰绘制一张求助关系网（图 5-40），说明如何整合自己的社会资源，解决这次遇到的问题？

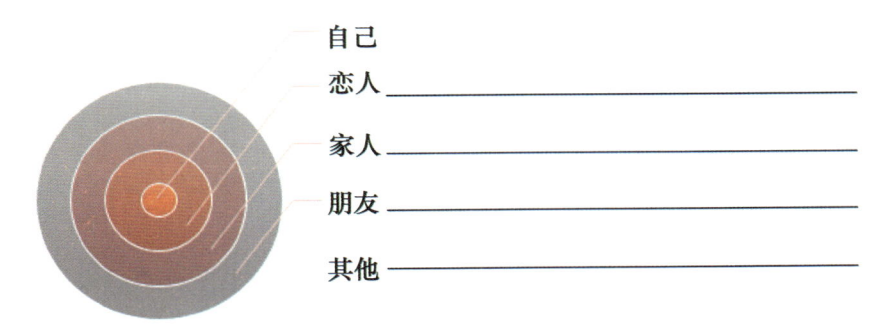

自己
恋人 _____
家人 _____
朋友 _____
其他 _____

图 5-40　人际关系

第 2 步：你同意无痛人流不伤身体，无碍生育吗？这家女子医院可信吗？

第 3 步：你认为人们会用哪些形容词和词组，来评价和艾亦怀孕的皎钰？

第4步：如果你是婕嫌，会不会答应皎钰的请求？找你身边的小伙伴进行讨论后，请跳转至本书第144页，打开【闯关攻略5-10-4】去补血和积累财富，写下如果你是婕嫌，会如何帮助皎钰。

_____

_____

> 谢谢你的分享，长见识啦！
> 恭喜你通过自己的智慧和努力连续闯过2关，顺利通过活动2"应对意外怀孕"，成功进阶。
> 祝贺你成功获得通关卡！

闯关交流群

亲爱的同学，当你"应对意外怀孕"闯关成功后，相信你一定有许多宝贵的想法，想要和你的小伙伴们分享吧。现在邀请你进入"闯关交流群"，尽情地分享吧！

置顶留言

1. 性伴侣双方需要承担平等的避孕及保护身体健康的责任。
2. 一旦意外怀孕，必须尽早去正规的医疗机构就诊，时间越久，风险越大。
3. 流产就是一次医疗手术，有一定风险，但并不意味着每个人都有严重的后果。
4. 每个人的一生都会遇到各种各样的挫折、意外，自己遇到的时候，勇敢跨过去，他人遇到的时候，也尽量伸手扶一把。

亲爱的同学，恭喜你完成主题五闯关活动，获得"情感"奖章！现在请你带着图 5-41 中积累的血量和财富，至少找 3 位伙伴用笔给自己颁发"情感"奖章，然后进入主题六"社交安全的防范"世界空间继续闯关吧！

- 我补充的血量有：
- 我获得的财富有：
- 我的新想法是：

图 5-41　积累的血量和财富

【闯关攻略 5-10-3】怀孕诊断

闯关补血站

补血一：怀孕后的症状

- 怀孕后会停经，因此发生性接触后下一次月经超过 7～10 天没有来，是可能怀孕的信号。
- 一些女性会有恶心、呕吐、乏力等早孕反应，但并非所有人都会有这些现象。

> **温馨提示**
>
> ■ 怀孕后如果发生了流产、宫外孕，也会有阴道流血，误以为月经来潮没有停经。

补血二：如何诊断怀孕

可通过早孕试纸、验孕棒检验是否怀孕，但同时需要去正规医院进行 B 超检查确定是否怀孕，以及有无宫外孕。

希望以下的案例能帮助你更好地吸收来自"怀孕诊断"的新鲜血液，积累更多的青春财富。

闯关财富库

妇产科医生采访手记：

故事1：有个15岁女孩，到几家诊所去诊断都说是月经不调，她妈就陪她去医院就诊，医生检查，发现女孩已经怀孕近两个月了。当医生把这一结果婉转地告诉妈妈时，妈妈非常震惊和愤怒，女生不知道自己怀孕。

还有一位看上去只有十六七岁的女孩，不是暑假的时候来的，被检查出已经怀孕，然而，她自己还以为是内分泌失调，经检查，才发现她怀孕5个多月了，我们告诉她必须马上引产，再拖就只有生下来，那女孩说我还要去上学呢！从这两个事例来看，还真的有不少女生对生理方面的知识一无所知。

故事2：有一个女生，暑假的时候来医院做过一次流产手术。过了几个月，又怀孕了。她到医院后催医生快点，说做完手术后，要马上回去上课。不少女生来偷偷做手术，紧接着就是上课，根本没有时间静养，又没有得到必要的营养补充和细心照料，有的为了怕被老师和同学知道，还照常上体育课，有的甚至没有在术后禁止性生活，这样流产对她们的身体伤害更大。

【闯关攻略5-10-4】应对意外怀孕

闯关补血站

补血一：寻找自己的支持网

在自己意外怀孕，或者使恋人怀孕以后，可以寻求支持的资源如图5-42所示。

1.父母
· 未成年人怀孕，流产手术有监护人签字才可进行。

2.社会机构
· 正规的医疗机构，会帮助了解关于怀孕流产的科学知识。有社会公信力的少女怀孕热线、心理机构等，可以为流产后的女性提供心理疏导。

3.可信赖的亲友
· 如果有思想开明、人品正直、热心而不搬弄是非的亲友、师长，也是纾解情绪、提供支持的渠道之一。

图5-42 寻找自己的支持网

> **温馨提示**
>
> ■ 所有的父母都是爱自己的孩子的。无论遇到了什么事情，父母都会与孩子一起面对。

补血二：尽早去正规的医疗机构

● 一旦怀疑意外怀孕，要尽快确定诊断。

● 如果打算中止，必须尽快去正规的医疗机构（如妇幼保健院、大型公立医院的妇产科、计划生育指导站），专业的医务人员会保护患者的隐私，选择最佳的人工终止妊娠方法。私自药流或在私人诊所进行的手术流产，不但价格高并且十分危险，可能付出生命的代价。

● "无痛人流"是在手术中使用了麻醉药物等，使接受手术的女性暂时丧失意识或失去痛觉，从而减轻手术的痛苦。但手术的基本过程和可能带给人体的危害，与普通人流是一样的，同时，因为使用了麻醉，还需要额外承担麻醉可能带来的意外风险。

人工流产主要分为 人工药物流产 与 人工手术流产 两种。

> **温馨提示**
>
> ■ 药物流产必须去正规的医疗机构，在具有专业资质医务人员的指导下进行，千万不要自行购买和使用所谓"流产药"。
> ■ 所有的人工流产都对女性身体有一定的危害性与危险性，有可能带来子宫内膜异位、习惯性流产、不孕不育、各类妇科炎症等。性行为前做好避孕措施才是最安全健康的方法。

希望以下的案例能帮助你更好地吸收来自"应对意外怀孕"的新鲜血液，积累更多的青春财富。

闯关财富库

故事：艾亦提出性要求，皎钰坚决拒绝，可艾亦说可以采取保护措施，算一算过一周就该来月经了，安全期不会有事。皎钰告诉他，安全期一点也不可靠，更重要的是，我还没做好发生性关系的准备。艾亦明白了皎钰的原则，有一点失望，但还是尊重她的选择，说等着她做好准备的那一天。两人的感情在这次外出旅行后，更加甜蜜稳定。

主题六　社交安全的防范

亲爱的同学们，大家好！欢迎大家来到"我的青春世界之社交安全的防范"世界空间。青春是一棵春天的小树，扎根于土壤，在阳光下成长。然而，成长中或许会遇到暴雨疾风，性骚扰、性侵害、毒品、艾滋病、校园欺凌离我们并不远，我们需要学会自我保护，安全地迎接世界的变化。

在"社交安全的防范"世界空间里，你需要完成4个成长任务（图6-1），学会自我保护。每个成长任务设定了具体的体验闯关活动，你可以通过自己的智慧和能力，或借助"闯关攻略"补血和积累财富，完成闯关任务，成功后拿到通关卡。当你逐级闯关并成功获得4级通关卡之后，将获得"安全"纪念章，见证你成功做到防范"社交安全"。

图6-1　"社交安全的防范"成长任务

- 任务十一　预防性伤害
- 任务十二　预防艾滋病
- 任务十三　远离毒品
- 任务十四　预防校园欺凌

任务十一　预防性伤害

本任务设置了 3 个闯关活动，欢迎你来闯关！预祝你闯关成功哦！

活动 1　预防性骚扰

闯关任务书

天热时，同学们都穿短袖校服。下课时，婕嫌坐在座位上看书，秦纯坐到她前面的座位上，看着婕嫌，情不自禁地伸手去触摸婕嫌的手。婕嫌当时吓坏了，心里很不舒服，迅速把手收回，满脸通红。上课铃声响起，秦纯回到自己的座位上开始听课，可是婕嫌整节课都没能静下心来。婕嫌觉得即使两人是好友，秦纯的行为也是不能接受的。

"预防性骚扰"闯关目标如图 6-2 所示。

图 6-2　"预防性骚扰"闯关目标

【闯关活动 1】秦纯情不自禁的行为让婕嫌感觉特别不舒服，影响了婕嫌正常的学习。请你帮助婕嫌和秦纯识别一下，秦纯触摸婕嫌的手是什么行为。

第 1 步：有人觉得这个行为属于性骚扰行为，以你的经验，你觉得秦纯触摸婕嫌的手是什么行为？请你写下你的识别结果及理由，并和小组伙伴交流。

_____

_____

第 2 步：现在请你识别图 6-3 故事中的行为，如果属于性骚扰，请在（　）中打"√"，如果不属于性骚扰，请在（　）中打"×"。和小组伙伴分享自己的判断结果，

147

并相互说说理由。

> 故事一：坐公交车时，有人紧贴你的身体或故意摩擦、乱摸你的身体。（　）

> 故事二：有人强行与你勾肩搭背。（　）

> 故事三：有人不怀好意地看着你的身体，如胸部、下体等。（　）

> 故事四：有人在你上厕所或洗澡时偷窥你。（　）

> 故事五：有人故意向你讲述与性有关的话题，如讲述色情或讲述个人的性经历。（　）

> 故事六：有人通过恶俗或下流的话语与你进行交流，并希望你能够说性隐私。（　）

> 故事七：有人通过微信、短信、电子邮件给你发送性信息或色情图片或视频等。（　）

> 故事八：有人不是故意在你的面前暴露自己的性器官。（　）

> 故事九：有人在公共场合布置性信息，如有性暗示的广告、图片等。（　）

图 6-3　故事

第 3 步：如果你想了解更多有关性骚扰的知识，请跳转至本书第 150 页，打开【闯关攻略 6-11-1】去补血和积累财富，然后再返回修改完善你的识别结果及理由。

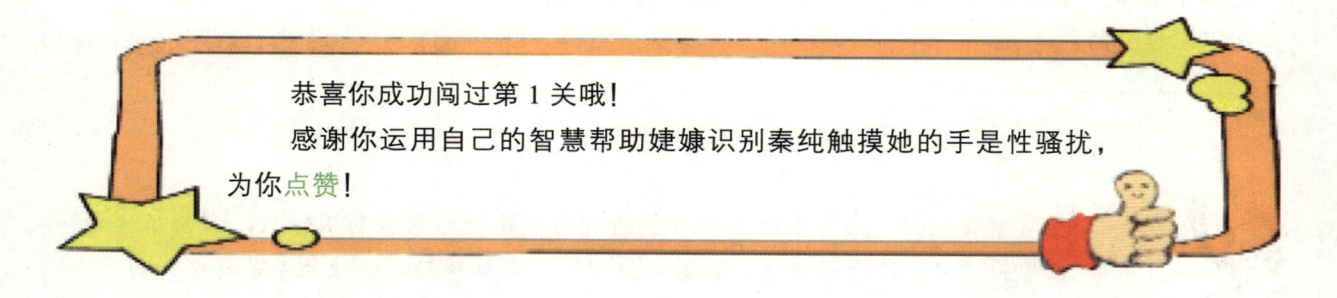

恭喜你成功闯过第 1 关哦！
感谢你运用自己的智慧帮助婕嫌识别秦纯触摸她的手是性骚扰，为你点赞！

【闯关活动 2】日常生活中，在一些人多拥挤的地方，难免会有身体触碰的情况发生，请你帮婕嫌想想预防性骚扰的有效方法。

第 1 步：请你用语言描述写出自己已经学习和掌握的预防性骚扰的方法。

主题六 社交安全的防范

第2步：请你找身边的小伙伴分享预防性骚扰的方法，并通过模拟演练形式探讨方法的实际运用及有效性，把印象深刻的有效做法及注意事项收藏一下。

第3步：如果你想了解更多有关预防性骚扰的方法，请跳转至本书第151页，打开【闯关攻略6-11-2】去补血和积累财富，然后再返回修改完善预防性骚扰的方法。

You Win

谢谢你的分享，长见识啦！

恭喜你通过自己的智慧和努力连续闯过2关，顺利通过活动1"预防性骚扰"，成功进阶。

祝贺你成功获得通关卡！

通关卡

闯关交流群

亲爱的同学，当你"预防性骚扰"闯关成功后，相信你一定有许多宝贵的想法，想要和你的小伙伴们分享吧。现在邀请你进入"闯关交流群"，尽情地分享吧！

置顶留言

1. 与人交往中肢体接触在所难免，如果以性欲为出发点，对方不能接受且感到不舒服的接触就是性骚扰，会给对方造成困扰和伤害，要避免发生。

2. 任何人都有可能遇到性骚扰，我们要增强保护自己的意识，学会识别性骚扰，学会预防性骚扰的方法。

3. 我们要保护好自己的隐私，也要尊重别人的隐私。

我的青春世界——中职生青春健康教育

亲爱的同学，现在你可以凭借通关卡，带着图 6-4 中积累的血量和财富，信心满满地进入活动 2"应对性骚扰"继续闯关啦！

- 我补充的血量有：
- 我获得的财富有：
- 我的新想法是：

图 6-4　积累的血量和财富

【闯关攻略 6-11-1】识别性骚扰

闯关补血站

补血一：识别性骚扰

● 所谓性骚扰，是指一种不受欢迎或不被接受的语言、或带有性意识的接触。换句话说，如果某一方用各种方法去接近，或尝试接近另一方，而另一方没有兴趣、不喜欢、不愿意或不想要这些带有性意识的接近，便可以说是性骚扰。

常见的性骚扰有以下四类（图 6-5）：

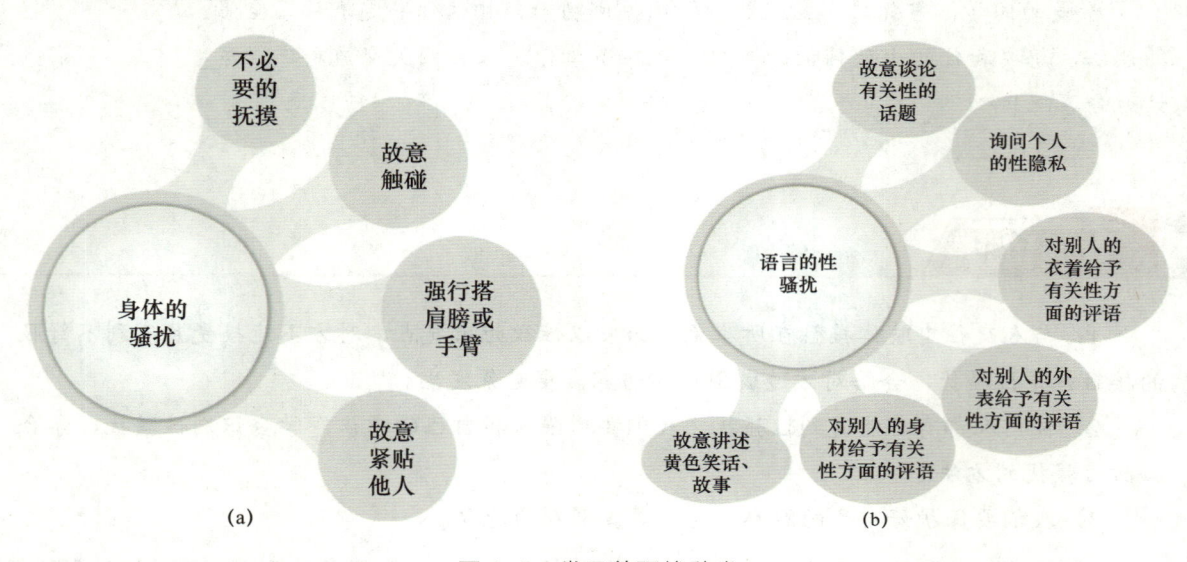

(a) 身体的骚扰：不必要的抚摸、故意触碰、强行搭肩膀或手臂、故意紧贴他人

(b) 语言的性骚扰：故意谈论有关性的话题、询问个人的性隐私、对别人的衣着给予有关性方面的评语、对别人的外表给予有关性方面的评语、对别人的身材给予有关性方面的评语、故意讲述黄色笑话、故事

图 6-5　常见的骚扰种类

150

主题六 社交安全的防范

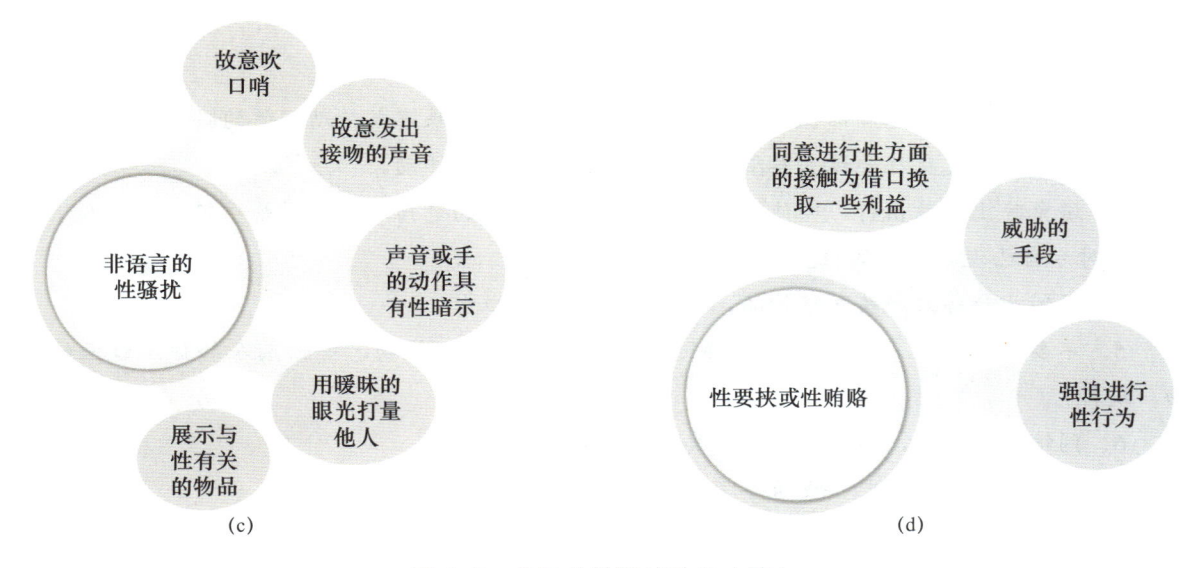

(c) 非语言的性骚扰
- 故意吹口哨
- 故意发出接吻的声音
- 声音或手的动作具有性暗示
- 用暧昧的眼光打量他人
- 展示与性有关的物品

(d) 性要挟或性贿赂
- 同意进行性方面的接触为借口换取一些利益
- 威胁的手段
- 强迫进行性行为

图 6-5 常见的性骚扰种类（续）

闯关财富库

故事：婕嫌的好友皎钰长得非常漂亮，学校里很多男生喜欢她，她很苦恼。因为常常有高年级的一帮男生在校园里等皎钰，当她经过男生身边的时候，男生们就起哄吹口哨，喊"大美女"，然后说一些挑逗的话，每次皎钰都觉得不舒服，只能硬着头皮走过去。后来，皎钰索性远远地避开他们，让耳根清净一点了。

【闯关攻略 6-11-2】防狼技巧

闯关补血站

补血一：**防狼技巧**

● 性骚扰不分年龄、性别，不分场合，任何人、任何时候都可能被性骚扰，我们要学习一些预防性骚扰的方法，时刻保护好自己。

151

防狼技巧

1. 保护好自己的隐私部位，外出或公众场合尽量不穿暴露或行动不便的服装。
2. 与异性朋友交往要设立界限，不要有太过于亲密的举动。
3. 避免晚上单独出行，即使出行，也要记住把自己的电话号码发送给信赖的成年人，随时告诉对方自己现在所处的位置。
4. 夜间出行备好一些防狼物品，如防狼喷雾、辣椒水。
5. 不要轻信陌生人或熟人，不要随意接受别人的钱、礼物，警惕别人给你送过来的食物、饮料。
6. 网络是虚拟的，要辨别网络的真假，不要随便见网友。
7. 不要随意进出酒吧、夜店等禁止青少年进入的场所。
8. 远离色情。

闯天财富库

故事：今年暑假，皎钰和婕嫌打算和同班同学去云南旅游，女孩子没有大人陪同自己出去旅游，爸爸妈妈很不放心。皎钰和婕嫌好不容易说服了父母同意他们去云南了，不过父母叮嘱他们，女孩子一定要保护好自己。妈妈说："女孩子不要随意进出酒吧、夜店、网吧，晚上不要独自去逛街，多叫几个朋友。不要走偏僻的路，随身携带防狼物品（辣椒水），以防有人跟踪、骚扰。"两个女孩把妈妈的话都记在了心里，开心地去云南旅游了。

补血二：保护隐私部位

身体的隐私部位通常指会阴部（泌尿生殖器器官、臀部）和胸部（女生），通俗地说，就是穿游泳衣遮盖的身体部位。

● 隐私部位不能随便让人看，更不能随便让人摸，我们要保护好隐私部位，要随时穿戴整齐，只有在上厕所或洗澡、检查身体的时候才能脱衣服和裤子，如果被外人碰到要告诉父母。

闯天财富库

故事1： 紫贝最近总觉得下身隐私部位很痒，还能隐约闻到臭味，她把这个事情告诉了妈妈，妈妈马上带他去看医生。来到医院的妇科，医生耐心地询问了紫贝的身体情况，然后要紫贝走到里面的房间，帮她检查下身。紫贝有点紧张地看着妈妈，低声说："不要，我怕难为情。"其实她心里在想，老师说过不能随便给人看隐私部位，她会不会骚扰我呢？妈妈鼓励女儿说："好女儿，不用怕。你的下身痒，医生要检查了之后才能知道是什么病，还可能要取点白带，这是正常的检查。有妈妈在，不用怕。"紫贝慢慢地走向了病床……经过化验，原来是阴道发炎，她吃了药，病两周后就好了。

故事2： 有一天婕嫌和同学在上体育课，体育老师教大家做体操，同学们练得很认真，但是婕嫌有一个动作就是做不到位，体育老师口头上教了婕嫌很多次但没有教会，最后体育老师让体育委员帮忙矫正她的手臂和大腿的姿势。体育委员借机触摸婕嫌的身体，婕嫌很不舒服，又不好意思说，终于熬到下课。课后婕嫌把事情告诉了皎钰，皎钰气愤地说："啊！如果他是故意的，让你感觉不舒服，那就是性骚扰。你要学会保护自己呀。"婕嫌难过地说："我也觉得是性骚扰，可是说出来的话，我的脸都被丢尽了，还是算了吧。"皎钰说："遭遇性骚扰，要勇敢说'不'。为了避免再次发生类似的事情，我们去告诉班主任，请老师帮忙解决。"

活动2　应对性骚扰

本活动设置了 **2 个** 闯关活动，欢迎你来闯关！预祝你闯关成功哦！

闯关任务书

两天后的午休时间，婕嫌坐在座位上认真做作业，秦纯坐在她前边的座位上。婕嫌见他坐下来，转过身去，不理他继续做作业。秦纯说："我是来问数学题的。"婕嫌觉得同学间要相互帮助，于是认真地给秦纯讲解题目。在讨论过程中，秦纯情不自禁地去抚摸婕嫌的脸，这时婕嫌从自己的座位上站了起来，用力推开秦纯，并大声说："你干吗，请你自重！"然后快速地走出了教室。同学们惊讶地看过来，……

"应对性骚扰"闯关目标如图6-6所示。

演练应对性骚扰的技能
了解应对性骚扰的方法

图6-6　"应对性骚扰"闯关目标

【闯关活动1】 当婕嫌面对秦纯的性骚扰时，果断地采取行动进行自我保护。请你帮婕嫌分析一下她应对方法的可行性和有效性。

第1步：请你罗列一下故事中婕嫌应对性骚扰的方法有哪些。你觉得哪些做法是合适的？哪些做法可能会有带给自己更多伤害？

_____

第2步：相信你通过各种学习途径也已经了解掌握了许多应对性骚扰的方法，想请你分享一下，除婕嫌采用的方法外，还可以采取哪些方法？请你找身边的小伙伴相互交流，也可以模拟演练，把你觉得有效可行的方法收藏一下。

_____

第3步：如果你想了解更多有关应对性骚扰的方法，请跳转至本书第157页，打开【闯关攻略6-11-3】去补血和积累财富，然后再返回修改完善你的确认结果及确认理由。

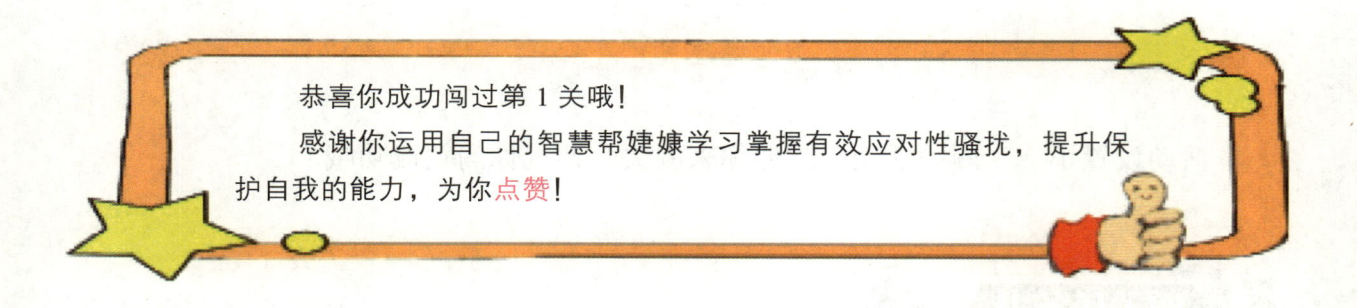

> 恭喜你成功闯过第1关哦！
> 感谢你运用自己的智慧帮婕嫌学习掌握有效应对性骚扰，提升保护自我的能力，为你点赞！

【闯关活动2】 通过交流分享，相信你已经了解许多应对性骚扰的学习，现在请你和伙伴进行模拟演练，通过模拟演练提高自我保护的技能。

第1步：请你和小组伙伴一起讨论：当秦纯抚摸婕嫌的时候，婕嫌该怎么应对？分别从以下四个方面来设计，并将讨论结果记录下来（图6-7）。

主题六　社交安全的防范

言语:

声调:

动作:

神情:

图 6-7　讨论结果

第 2 步：请你再找一位伙伴两人分别扮演婕嫘和秦纯，感受方法的效果，并相互交流。然后互换角色，进行体验。并把自己的体验感受写下来。

第 3 步：请对表 6-1 中的故事进行分析，选择合适的处理方法，并用直线连接（可以有多个答案）。

表 6-1　故事连线

故事	画连线	处理方法
在公众场合，被他人用暧昧不正的眼光上下打量。		表现若无其事，可以的话抽身离开。若对方表现得过分，令你无法忍受，大可直截了当地说："你看什么看？"
在公众场合，被他人从外表和身材予以有关性方面的评价。		千万不要退缩或不好意思，应该大声叫道："请将你的手拿开！"引起公众的注意，使侵犯者知难而退。情况严重时，应告诉司机协助报警。
在公共汽车内，遭遇故意抚摸或擦撞。		保持镇静，可以用眼神表达你的不满，但如果对方继续纠缠，便应找人协助，如警察等。
遭遇暴露狂。		直接表达你的感受，应该有礼但坚决地说："请自重，你这样做令我感到不舒服。"
在电梯内，被一群男士用带有性意识的眼光上下打量。		若怀疑医生诊症有问题，应要求女护士在场，并请医生解释诊症的方法。
电话性骚扰。		在这种情况下，尽早离开电梯。若无可避免，在挤迫的车厢或电梯内，女孩可用手和手袋遮盖着重要部位，保护自己。
遭遇医生用诊症为借口，故意接触患者的身体。		应该视而不见，冷静避开。尖叫和惊慌失措只会令骚扰者感到兴奋，所以应尽量避免。
别人赠送与性有关的礼物。		最好不要用激烈的言辞反唇相讥，因为这可能会引起对方的兴奋。应该用严正的语气说："你打错了电话！"。若对方是个经常骚扰的陌生人，不妨拿个哨子对着话筒猛吹或做出特大的音响，让他受不了，停止来电话。
展示色情刊物。		用坚定的语气向对方说："你的行为实在无聊，若你不收回，我便会投诉。"
对方做出具有性暗示的动作。		不要畏缩，除向骚扰者表达你的不满外，亦最好将事情转告其他共同相识的人。

155

谢谢你的分享，长见识啦！

恭喜你通过自己的智慧和努力连续闯过2关，顺利通过活动2"应对性骚扰"，成功进阶。

祝贺你成功获得通关卡！

闯关交流群

亲爱的同学，当你"应对性骚扰"闯关成功后，相信你一定有许多宝贵的想法，想要和你的小伙伴们分享吧。现在邀请你进入"闯关交流群"，尽情地分享吧！

置顶留言

1. 性骚扰是超越了可以接受的亲密界限。因此无论男性或女性，遇到性骚扰时必须慎重地表明你的立场及可以接受的界限，拒绝的态度要明确、平静、清楚地告知对方你的不悦，请对方尊重你，也请他自爱自重。

2. 若是经常受到性骚扰，就必须将发生的日期、时间、地点和对方的行为、说话记录下来，方便作为报警的证据。

■ 我补充的血量有：

■ 我获得的财富有：

■ 我的新想法是：

亲爱的同学，现在你可以凭借通关卡，带着图6-8中积累的血量和财富，信心满满地进入活动3"防止性侵害"继续闯关吧！

图6-8 积累的血量和财富

【闯关攻略 6-11-3】应对性骚扰

闯关补血站

补血：应对性骚扰的**四个技巧（6-9）**

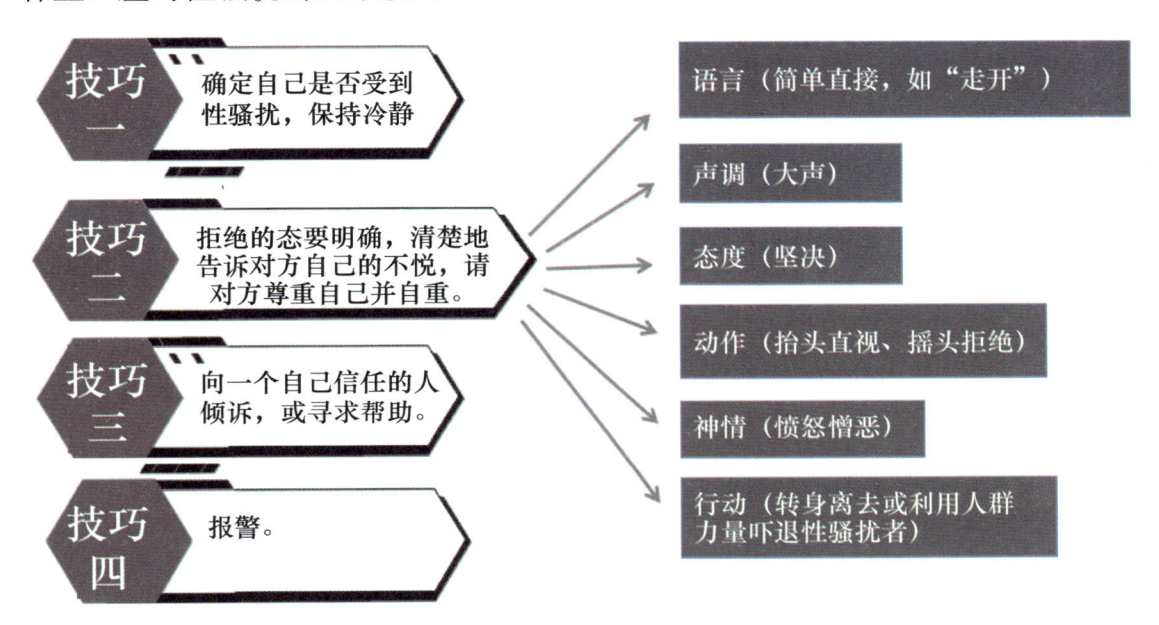

技巧一：确定自己是否受到性骚扰，保持冷静

技巧二：拒绝的态要明确，清楚地告诉对方自己的不悦，请对方尊重自己并自重。
- 语言（简单直接，如"走开"）
- 声调（大声）
- 态度（坚决）
- 动作（抬头直视、摇头拒绝）
- 神情（愤怒憎恶）
- 行动（转身离去或利用人群力量吓退性骚扰者）

技巧三：向一个自己信任的人倾诉，或寻求帮助。

技巧四：报警。

图 6-9 应对性骚扰的四个技巧

希望以下的案例能帮助你更好地吸收来自"应对性骚扰"的新鲜血液，积累更多的青春财富。

闯关财富库

故事：婕嫌的好友皎钰，每天乘公交车上下学。一次，公交车上人群拥挤，皎钰一手拉着扶手，一手抓着书包，身体跟随人群一起晃动。突然皎钰感觉身后有一只手在摸自己的屁股，然后皎钰往旁边挪了一下位置，可是那只手还是跟了过来。皎钰愤怒地抓起书包阻挡那个男人的手，大声地说："请你离我远点！"车上所有人都看向那个男人，一起斥责他，最后他灰溜溜地在下一站下车了。

活动3　防止性侵害

本活动设置了 2 个闯关活动，欢迎你来闯关！预祝你闯关成功哦！

闯关任务书

> 婕嬅有晚上在公园跑步的习惯，通常爸爸妈妈陪她一起运动。有一天，爸爸妈妈有事情不能来，婕嬅坚持一个人来到公园跑步，因为时间有点晚，公园里人不多。半个小时后，婕嬅累了，就坐在公园灯光昏暗的角落处长凳上休息，戴着耳机闭上眼睛欣赏音乐。
>
> 正巧秦纯也来公园闲逛，走着走着，在昏暗的灯光下，远远看到一个男人对坐在长凳上的一个女孩动手动脚，女孩在痛苦地挣扎，不停地喊着"不要碰我！不要碰我！"秦纯快速走上去，男人身材魁梧，女孩被压在长椅上动弹不得，男人想要强吻女孩，女孩奋力反抗，……秦纯重重地拍打男人的背，然后一把拉开他，并大喊："住手！流氓！一个大男人竟然欺负一个小女孩。报警啦。"男人一听要报警，看着眼前高大健壮的秦纯，赶紧溜走了。
>
> 秦纯走上前关切地问女孩："小妹妹，你还好吧？"仔细一看，竟然是自己的同学婕嬅。婕嬅看到秦纯，哭得更伤心了……

"防止性侵害"闯关目标如图 6-10 所示。

图 6-10　"防止性侵害"闯关目标

【闯关活动2】秦纯关心地询问婕嬅发生了什么事，婕嬅被突然的遭遇吓坏了，也说不清楚。秦纯根据自己看到的和婕嬅的反应，觉得婕嬅受到了性侵害，建议报警。现在想请你帮助婕嬅再确认一下。

第1步：根据你的经验，你是否赞同秦纯所认定的"性侵害"？请你写下答案及理由。

_____

_____

158

主题六　社交安全的防范

第2步：确认完毕后，请你找身边的小伙伴一起探讨：什么是性侵害？性侵害的主要形式是什么？易发生在什么时间和地点？相互交流，把探讨结果记录下来。

_____

_____

第3步：如果你想了解更多有关性侵害的知识，请跳转至本书第161页，打开【闯关攻略6-11-4】去补血和积累财富，然后再返回修改完善你的确认结果及确认理由。

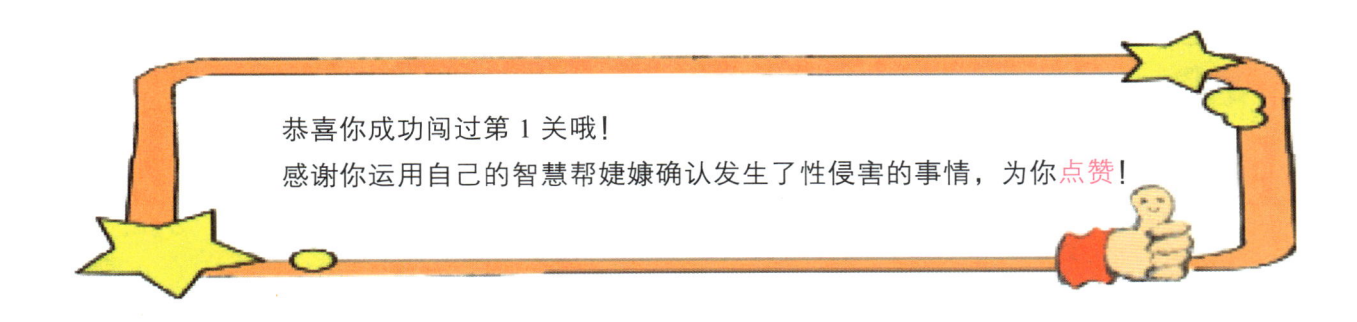

恭喜你成功闯过第1关哦！
感谢你运用自己的智慧帮婕嫌确认发生了性侵害的事情，为你点赞！

【闯关活动2】婕嫌没有想到自己竟然在公园里受到性侵害，她意识到学习掌握防止性侵的方法的重要性。现在请你帮助婕嫌练习掌握防止性侵害的方法，提升防范能力。

第1步：请你写出你已经了解和掌握的防止性侵害的方法。

_____

_____

第2步：请你先和小组小伙伴进行探讨，然后选择几个认为有效的方法，实际演练一下。之后谈谈自己的想法，听听对方的想法，把印象深刻的想法收藏一下。

_____

_____

第3步：如果你想了解更多防止性侵害的方法，请跳转至本书第162页，打开【闯关攻略6-11-5】去补血和积累财富，然后再返回完善你的防止性侵害的方法。

159

我的青春世界——中职生青春健康教育

谢谢你的分享，长见识啦！

恭喜你通过自己的智慧和努力连续闯过 2 关，顺利通过活动 3 "防止性侵害"，成功进阶。

祝贺你顺利拿到通关卡！

闯关交流群

亲爱的同学，当你"防止性侵害"闯关成功后，相信你一定有许多宝贵的想法，想要和你的小伙伴们分享吧。现在邀请你进入"闯关交流群"，尽情地分享吧！

置顶留言

1. 夏天是容易遭受性侵害的季节；夜晚是容易遭受性侵害的时间；公共场所和僻静处是容易遭受性侵害的地方。
2. 学点防身术，提高自我防范能力。
3. 发生性侵害的事不是受害者的错，我们要勇敢面对，寻求帮助，尽早报警。

亲爱的同学，现在你可以凭借通关卡，带着图 6-11 中积累的血量和财富，信心满满地进入任务十二"预防艾滋病"继续闯关啦！

■ 我补充的血量有：

■ 我获得的财富有：

■ 我的新想法是：

图 6-11 积累的血量和财富

主题六 社交安全的防范

【闯关攻略6-11-4】性侵害

闯关补血站

补血：性侵害

● 性侵害是指加害者以威胁、权力、暴力、金钱或甜言蜜语，引诱、胁迫他人与其发生性关系，或在性方面造成对受害人的伤害的行为。

● 性侵害包括强奸、轮奸、猥亵、调戏、乱伦等。

● 性侵害的对象不仅仅是异性，还包括同性。很多性侵犯来自陌生人或精神异常者，但与老师、亲戚、朋友、同学之间的性侵害也常有发生。

希望以下的案例能帮助你更好地吸收来自"识别性侵害"的新鲜血液，积累更多的青春财富。

闯关财富库

故事1：婕嫌和秦纯在谈论一则新闻"南宁捡尸案"。捡尸这个词，说法源于台湾，也有人称为"捡死鱼""捡醉虾"，指的是女生因为饮酒过度醉倒的时候男生把女生捡走，然后发生性关系。更恶劣的是，这些人渣居然将这种行为创造出全套术语：比如全尸，就指醉到不省人事的女生，而半尸，就是差不多七八分醉的。广西南宁一位刚高考结束的女生，在某个深夜醉得不省人事，被两名男子捡尸后扒光衣服疯狂蹂躏，并拍下视频和大量裸照发到网上，引发网友们的热烈讨论。秦纯说："婕嫌你一定要记住啊，女生不能饮酒过度，否则会被一些坏人性侵害的呀！"婕嫌说："对呀，太恐怖了！"

故事2：婕嫌近来跟一个男性网友聊得比较火热，对方想和自己见面，婕嫌不知道怎么办，于是找皎钰商量，皎钰想起来2013年9月在福州发生的事情。未满11周岁的女孩小琴（化名）在家上网时接到QQ好友"某英"发来的信息，约她到附近的公园游玩。小琴正准备出门时，好友小花（化名）来找她玩，于是两人一同前往公园。一个自称"某英哥哥"的男孩等在公园门口，带她们来到一个树林茂密的地方，突然露出凶相，威逼利诱，先后对小花和小琴进行性侵。案发后，男孩被警方抓获。据该男孩交代，他未满15岁，因看了黄色视频后产生冲动，将女孩骗到公园进行"性体验"。婕嫌说："11岁少女被14岁网友性侵！网友好不靠谱，我还是不要见面了。"皎钰也点点头，说："不怕一万就怕万一。"

【闯关攻略6-11-5】防止性侵害

闯关补血站

补血一：防止性侵害的方法

● 性侵害会给受害者带来很大的身心伤害，所以我们要学会保护自己，防止性侵害的发生。

防止性侵害的方法有以下 3个（图6-12）。

1. 要有安全意识
- （1）任何情况下都要记住人身安全是最重要的，生命高于一切。
- （2）隐私部位只有最亲近的看护人（爸爸妈妈、爷爷奶奶、外公外婆）、医生、护士可以看，但他们也只能在你洗澡、擦屁股、换衣服、生病的时候去医院检查时才允许看。
- （3）夜间外出尽量结伴而行，不要单独行动，尽量走安全、人群较多的路线。
- （4）不搭乘陌生异性的车辆。
- （5）不要单独和网友见面。

2. 假如遇到性侵害，要冷静，不慌张，借助现有条件进行自我保护
- 一定要大喊救命，引起周围人的注意。

3. 掌握好证据，尽早报警
- （1）如果遇到伤害，并被威胁要保密，请一定把这件事告诉自己信任的人。切不可因害羞、胆怯，而延误时间，丧失证据，让罪犯逍遥法外。
- （2）加害者会留痕、体液、毛发、皮屑、伤痕等，要懂得搜集、保留相关证据，及时报警，并提取化验。

图6-12 防止性侵害的方法

希望以下的案例能帮助你更好地吸收来自"防止性侵害"的新鲜血液，积累更多的青春财富。

闯关财富库

故事：安全教育课上老师说了一件事情：某地高中一名男教师，多次以"检查身体"为由，对学校男生进行猥亵或性侵。事隔十几年后，多名当年的受害者和知情人，实名向公众证实此事。其中一位受害者说："此事是高中阶段一件让我十分羞愧困扰的事件。"还有一位受害者表示："我当时鼓起勇气向父亲透露了这件事，父亲沉默了很长时间，说他很生气，但是之后就没有回应了。令我很伤心，很失望。"秦纯心里想：学生是多么信任老师，老师却性侵他们，如果我们遇到这样的事情，应该向信得过的人求助，尽早报警，将这种师德败坏的老师绳之以法，不再伤害更多的学生。

任务十二　预防艾滋病

本任务设置了 2 个闯关活动，欢迎你来闯关！预祝你闯关成功哦！

活动 1　认识艾滋病

闯关任务书

秦纯在 12 月 1 日注意到了新闻媒体、报纸海报等都在陆续推送艾滋病的相关信息，这个名词并不陌生，可是艾滋病究竟是怎样的状况呢，秦纯好像说不明白，从百度搜索的资料信息中，感觉艾滋病是特别严重的病，人们在生活中总是谈艾色变，但是它究竟是怎样的一种病，它会怎样的危害我们的身体，它又是怎样传播的呢？秦纯的心里有很多的问号。

"认识艾滋病"闯关目标如图 6-13 所示。

了解艾滋病　　了解艾滋病的传播

图 6-13　"认识艾滋病"闯关目标

【闯关活动 1】请你帮助秦纯了解艾滋病的相关内容吧。

第 1 步：请你先给秦纯普及一下，什么是艾滋病？

第 2 步：请你和小组伙伴们探讨一下：艾滋病对个人、家庭、社会会带来哪些危害？

第 3 步：如果你想了解更多有关艾滋病及其危害的相关知识，请跳转至本书第 166

页，打开【闯关攻略6-12-1】去补血和积累财富，然后再返回修改完善你的答案哦。

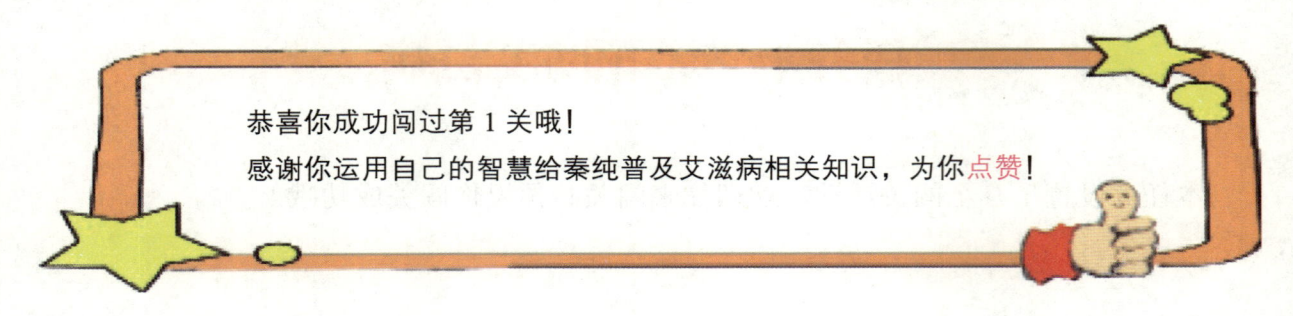

恭喜你成功闯过第1关哦！
感谢你运用自己的智慧给秦纯普及艾滋病相关知识，为你点赞！

【闯关活动2】秦纯很想知道，艾滋病是怎么传播的？请你帮他普及一下相关知识。

第1步：请你写出艾滋病的传播途径有哪些？然后找小伙伴相互交流确认。

第2步：艾滋病的传播途径和传播条件有所不同，请你说说艾滋病的传播条件有哪些。然后找小伙伴相互交流确认。

第3步：如果你想了解更多有关艾滋病传播的相关知识，请跳转至本书第167页，打开【闯关攻略6-12-2】去补血和积累财富。然后返回第1步和第2步修改完善你的答案。

谢谢你的分享！
恭喜通过自己的智慧和努力，连续闯过2关，顺利通过活动1"认识艾滋病"，成功进阶。
祝贺你成功获得通关卡！

通关卡

主题六　社交安全的防范

闯关交流群

亲爱的同学，当你"认识艾滋病"闯关成功后，相信你一定有许多宝贵的想法，想要和你的小伙伴们分享吧。现在邀请你进入"闯关交流群"，尽情地分享吧！

置顶留言

1. 艾滋病传播速度非常快，从外表上无法判断是否感染艾滋病病毒，我们在日常生活中需要增强自我保护意识和提高预防艾滋病的能力。

2. 艾滋病病毒主要传播途径是没有安全保护的性行为，安全套是唯一的预防通过性行为感染艾滋病病毒的方法。

3. 感染艾滋病病毒的后果是严重的，影响终身的。目前没有治愈艾滋病的药物和有效疫苗，预防是最重要的。

亲爱的同学，现在你可以凭借通关卡，带着图6-14中积累的血量和财富，信心满满地进入活动2"预防艾滋病"继续闯关啦！

■ 我补充的血量有：

■ 我获得的财富有：

■ 我的新想法是：

图6-14　积累的血量和财富

165

【闯关攻略 6-12-1】了解艾滋病

闯关补血站

补血：艾滋病

艾滋病的医学名称叫作"获得性免疫缺陷综合征"，缩写为"AIDS"。

艾滋病病毒简称 HIV，中文全称"人类免疫缺陷病毒"，是一种能攻击人体免疫系统的病毒。

温馨提示

- 艾滋病病毒不可能在人类细胞外繁殖，一旦离开人体很难生存。高温（56摄氏度，30分钟）与普通的消毒剂都能杀死艾滋病病毒。
- 世界卫生组织将每年12月1日定为世界艾滋病日。

希望以下的故事能帮助你更好地吸收来自"认识艾滋病"的新鲜血液，积累更多的青春财富。

闯关财富库

故事： 艾亦在预防艾滋病的宣传海报上，看到艾滋病病毒感染者和艾滋病患者两种不同的称谓，有些不太明白。请教宣传者后得知：被艾滋病病毒（HIV）感染但还没有出现症状的人称为艾滋病病毒感染者。他们在外表上和一般人一样，没有任何区别，需要通过血液检测才能确认。如果艾滋病患者处于发病期，会表现出一些体征。艾滋病病毒感染者发展成为艾滋病患者大约需要数年或更长时间。艾亦此刻意识到艾滋病病毒离有可能就在身边，要提高自身安全防范意识。

主题六　社交安全的防范

【闯关攻略 6-12-2】了解艾滋病的传播

闯关补血站

补血：艾滋病的传播（图 6-15 和图 6-16）

艾滋病给个人、家庭以及社会都会带来严重的危害。

温馨提示

■ 如果没有血液和其他体液的交换，不会感染艾滋病。
■ 只有同时满足数量、质量和传播途径（体液交换）三个条件同时具备才能传染。

图 6-15　艾滋病的传播途径

图 6-16　艾滋病的传播条件

希望以下的故事能帮助你更好地吸收来自"艾滋病的传播"的新鲜血液，积累更多的青春财富。

闯关财富库

故事： 辰璋觉得艾滋病病毒太可怕了，不敢和身边人近距离接触，不敢用公共物品，这严重影响他正常生活。班主任史老师知道后，耐心地跟辰璋解释说：艾滋病病毒只有当"途径、数量、质量"三个条件都满足才会传播，日常生活中社交行为不会有感染危险的。史老师的解释帮助辰璋放下了戒备的心，恢复了正常人际交往。

167

活动 2　预防艾滋病

闯关任务书

皎钰在听到爸爸妈妈的一次聊天中得知，亲戚中有一个叔叔是艾滋病病毒感染者。这位叔叔从外表上根本看不出来，上班生活也都很正常。皎钰觉得艾滋病离自己并不远，她很害怕，也很担心，她想要了解：在日常生活中，怎样做才能预防艾滋病？

"预防艾滋病"闯关目标如图6-17所示。

预防艾滋病的方法
辨析艾滋病病毒感染的危险行为

图6-17　"预防艾滋病"闯关目标

【闯关活动1】请你帮助皎钰学会辨析感染艾滋病病毒的危险行为。

第1步：请你判断表6-2的日常行为中，哪些行为不会传染艾滋病，哪些行为是艾滋病病毒感染的危险行为。

表6-2　日常行为

A. 使用公厕	B. 共用水杯	C. 一起游泳	D. 没有保护的性行为
E. 被蚊虫叮咬	F. 握手	G. 一起就餐	H. 摔跤运动
I. 护理艾滋病患者	J. 共用剃须刀	K. 乘坐公共交通工具	M. 到正规医院做手术
N. 被狗咬伤	O. 一起在电影院看电影	P. 输用艾滋病病毒感染者的血液	Q. 无保护地帮助他人清洁和包扎伤口
R. 共用牙具	S. 共用没有消毒的注射针头	T. 使用未消毒的器械文身	U. 感染艾滋病病毒的母亲给婴儿哺乳

安全行为：_____

危险行为：_____

不能确定安全或危险的行为：_____

第2步：请你找小组伙伴一起探讨：如果不能确定行为是否安全时，怎样做出最安全的选择，保护自己？

_____

第3步：如果想要了解更多辨析感染艾滋病病毒的危险行为的相关知识，请跳转至本书第171页，打开【闯关攻略6-12-3】去补血和积累财富，然后再返回修改完善自己的分析结果。

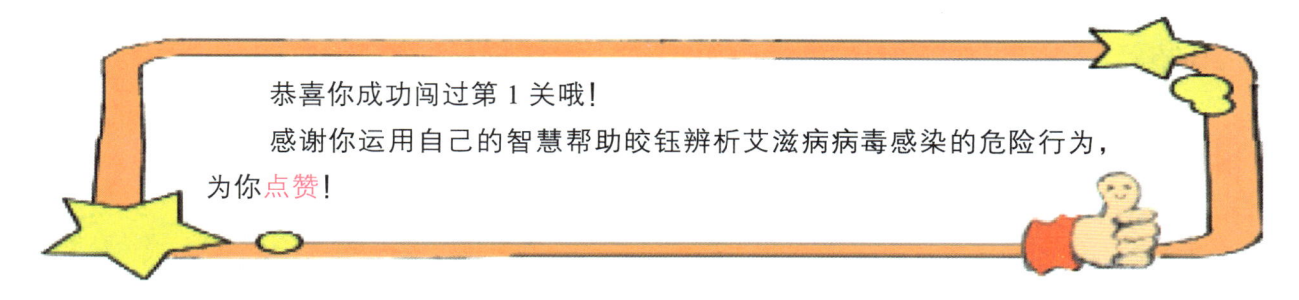

恭喜你成功闯过第1关哦！
感谢你运用自己的智慧帮助皎钰辨析艾滋病病毒感染的危险行为，为你点赞！

【闯关活动2】请你帮助皎钰了解在日常生活中有效预防艾滋病的措施。

第1步：请你找小伙伴相互交流：在日常生活中预防艾滋病的措施有哪些？

_____

第2步：请你找身边的小伙伴一起探讨：预防艾滋病过程中，要如何对待艾滋病病毒感染者或艾滋病患者？并说说自己的理由。

_____

第3步：如果想要了解更多预防艾滋病的相关知识，请跳转至本书第172页，打开【闯关攻略6-12-4】去补血和积累财富。请在下面横线上写出你补血和积累财富成功后的认识和理解。

_____

谢谢你的分享！

恭喜你通过自己的智慧和努力连续闯过 2 关，顺利通过活动 2 "预防艾滋病"，成功进阶。

祝贺你成功获得通关卡！

闯关交流群

亲爱的同学，当你"预防艾滋病"闯关成功后，相信你一定有许多宝贵的想法，想要和你的小伙伴们分享吧。现在邀请你进入"闯关交流群"，尽情地分享吧！

置顶留言

1. 感染艾滋病病毒的危险性取决于一个人的行为，而不是人的职业、身份和社会地位等。
2. 在日常生活中如果没有预防意识，安全行为可能变成危险行为，而如果时刻采取预防措施，危险行为也可以变为安全行为，在生活中应加强预防意识。
3. 尊重和正确对待艾滋病病毒感染者和艾滋病患者有利于艾滋病的预防。

亲爱的同学，现在你可以凭借通关卡，带着图 6-18 中积累的血量和财富，信心满满地进入任务十三"远离毒品"继续闯关吧！

■ 我补充的血量有：

■ 我获得的财富有：

■ 我的新想法是：

图 6-18　积累的血量和财富

【闯关攻略 6-12-3】辨析艾滋病病毒感染的危险行为

闯关补血站

补血：感染艾滋病病毒的危险行为

艾滋病病毒感染者，看上去和健康人一样，在现实生活中无法从外貌上来判断。

温馨提示
- 艾滋病病毒需要进行血清中抗 HIV 检测，如果结果为阳性，则是确认感染。
- 握手、拥抱、吃饭及共用马桶、电话机、餐具、游泳池等行为是不会感染艾滋病病毒的。

希望以下的故事能帮助你更好地吸收来自"辨析危险行为"的新鲜血液，积累更多的青春财富。

闯关财富库

故事 1：艾亦在逗玩家里的宠物猫时，不小心被猫抓伤了，他很是担心自己会感染艾滋病。秦纯告诉他说：艾滋病的感染需要同时满足数量、质量和传播途径（体液交换）三个条件，被猫抓伤没有感染艾滋病病毒的危险，但有感染狂犬病病毒的危险，建议及时去医院进行专业治疗。艾亦去医院打了狂犬病，悬着的心终于放下了。

故事 2：婕嫌在看一则新闻时注意到，有的人是第一次尝试发生没有安全保护措施的性行为或者是第一次与他人共用注射器吸毒就感染上了艾滋病。她感到很震惊，意识到"侥幸心理要不得"。

【闯关攻略 6-12-4】预防艾滋病

闯关补血站

补血：艾滋病的预防

艾滋病是可以预防的。预防艾滋病最重要的是在于我们的行为。

生活中，预防艾滋病病毒感染的措施如图 6-19 所示。

- 远离毒品
- 使用一次性注射器和经过严格消毒的医疗器械
- 不去消毒不严格的医疗机构或其他场所打针、拔牙、穿耳孔、文身、针灸或手术
- 不与他人共用有可能刺破皮肤的用具，如牙刷、刮脸刀和电动地图剃须刀
- 洁身自好，不发生没有安全保护措施的性行为

图 6-19　艾滋病的预防措施

温馨提示

■ 一旦发现自己发生了高危行为，或被恶意传播 HIV 病毒，可以在 72 小时内通过服用阻断药物来防止 HIV 病毒在体内扩散。

希望以下的故事能帮助你更好地吸收来自"预防艾滋病"的新鲜血液，积累更多的青春财富。

闯关财富库

故事：紫贝来找婕嫘，她无意中得知了亲友中有一位朋友感染了艾滋病病毒，她有点不知所措。婕嫘告诉她说：艾滋病病毒感染者和艾滋病患者是疾病的受害者，应该得到理解和帮助，作为家人、亲友可以努力为他们营造一个友善、理解、健康的生活环境，鼓励他们采取积极的生活态度，改变危险行为，配合治疗，有利于提高他们的生命质量。婕嫘提醒紫贝在日常生活的接触中也要做好自身的防护。紫贝知道自己怎么做，很开心。

任务十三 远离毒品

本任务设置了 2 个闯关活动，欢迎你来闯关！预祝你闯关成功哦！

活动 1 远离毒品——警惕伪装"毒品"

闯关任务书

失恋后，辰璋非常难受。有一次，他和同学一起去 KTV 发泄，同学的一位朋友拿出几包"奶茶"说："哥们，给大家助兴一下，冲一下水就能喝，保证你忘记所有烦恼！"辰璋听后半信半疑，自己喝过奶茶，感觉没有同学、朋友说的那样的神奇功效。他想起老师说过伪装成奶茶的毒品，心里害怕又好奇。其他同学看见辰璋犹豫不决，就催他："哥们，我能害你吗？赶紧一起快乐吧，不然以后不要跟我们混了！"

"远离毒品——警惕伪装"闯关目标如图 6-20 所示。

图 6-20 "远离毒品——警惕伪装"闯关目标

【闯关活动 1】请帮助辰璋科普一下有关毒品的知识吧！

第 1 步：你觉得什么是毒品？你听说过哪些毒品的名称？请把你的答案写在下面。

第 2 步：请和身边的同伴讨论一下毒品有哪些危害，并把危害写在下面。

第3步：如果想要对毒品认识更多一些，请跳转至本书第175页，打开【闯关攻略6-13-1】去补血和积累财富，然后再返回修改完善你的答案。

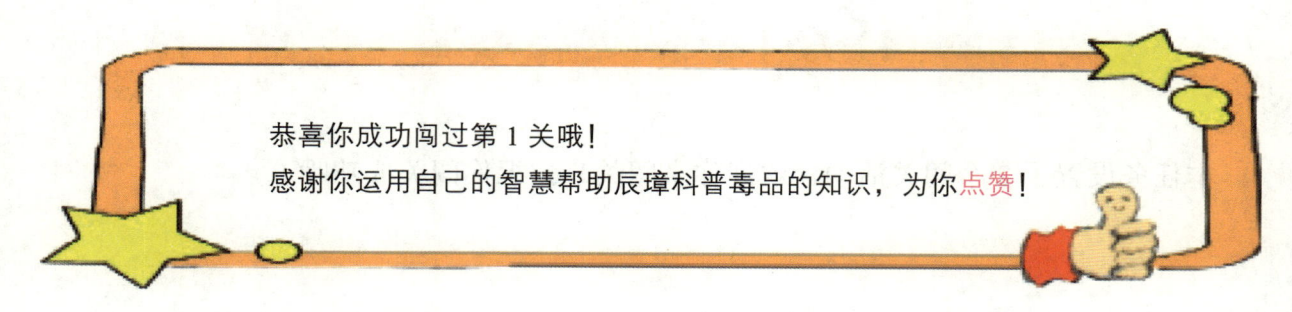

恭喜你成功闯过第1关哦！
感谢你运用自己的智慧帮助辰璋科普毒品的知识，为你点赞！

【闯关活动2】在场其他人极力推荐，辰璋犹豫不决，他害怕是伪装毒品给他带来危害，担心被排挤出朋友圈。请你帮助辰璋，他该如何走出这种困境。

第1步：请你帮助辰璋确认一下，具有让人忘记烦恼的"奶茶"有可能是毒品吗？请写下你的确认结果及理由。

_____

第2步：请你找身边的小伙伴讨论一下：当辰璋已经意识到危险后，他该如何拒绝？

_____

第3步：如果想要获得更多关于如何拒绝毒品的方法，请跳转至本书第178页，打开【闯关攻略6-13-2】去补血和积累财富。请在下面横线上写出你补血和积累财富成功后，对毒品的辨别和拒绝有哪些新的想法。

谢谢你的分享，长见识啦！
恭喜你通过自己的智慧和努力连续闯过2关，顺利通过活动1"远离毒品"，成功进阶。
祝贺你成功获得通关卡！

通关卡

主题六　社交安全的防范

闯关交流群

亲爱的同学，当你"远离毒品"闯关成功后，相信你一定有许多宝贵的想法，想要和你的小伙伴们分享吧。现在邀请你进入"闯关交流群"，尽情地分享吧！

置顶留言

1. 毒品是恶魔，一朝吸毒，十年戒毒。
2. 吸毒毁灭自己，祸及家庭，危害社会。
3. 学会说"不"，是一种态度，也是一项重要的人生技能。
4. 我们要珍爱生命，远离毒品。
5. 交友要慎重，青少年不宜的场所要远离。

■ 我补充的血量有：

■ 我获得的财富有：

■ 我的新想法是：

亲爱的同学，现在你可以凭借通关卡，带着图6-21中积累的血量和财富，信心满满地进入活动2"预防网络成瘾"继续闯关吧！

图6-21　积累的血量和财富

【闯关攻略6-13-1】毒品及其危害

闯关补血站

补血一：**毒品**的定义

175

> 毒品是指鸦片、海洛因、甲基苯丙胺（冰毒）、吗啡、大麻、可卡因以及国家规定管制的其他能够使人形成瘾癖的麻醉药品和精神药品（《中华人民共和国刑法》第357条）。

补血二：毒品的种类（图6-22）

- 我国常见的**传统毒品**包括鸦片、吗啡、海洛因、大麻、哌替啶、可卡因、古柯等。
- 我国常见的**新型毒品**包括冰毒、摇头丸、K粉、咖啡因、三唑仑、甲喹酮等。

温馨提示

近年来，新型毒品五花八门，有的是高提纯的新型致幻剂，如甲卡西酮（浴盐）。有的是多种毒品混合而成，如伪装成"甜橙汁""神仙水""开心水""跳跳糖""奶茶粉""邮票""彩虹烟"的新型毒品。

传统毒品的种类：鸦片、吗啡、海洛因、大麻、杜冷丁、可卡因

传统毒品

新型毒品的种类：冰毒、摇头丸、K粉、咖啡因、三唑仑、安眠酮

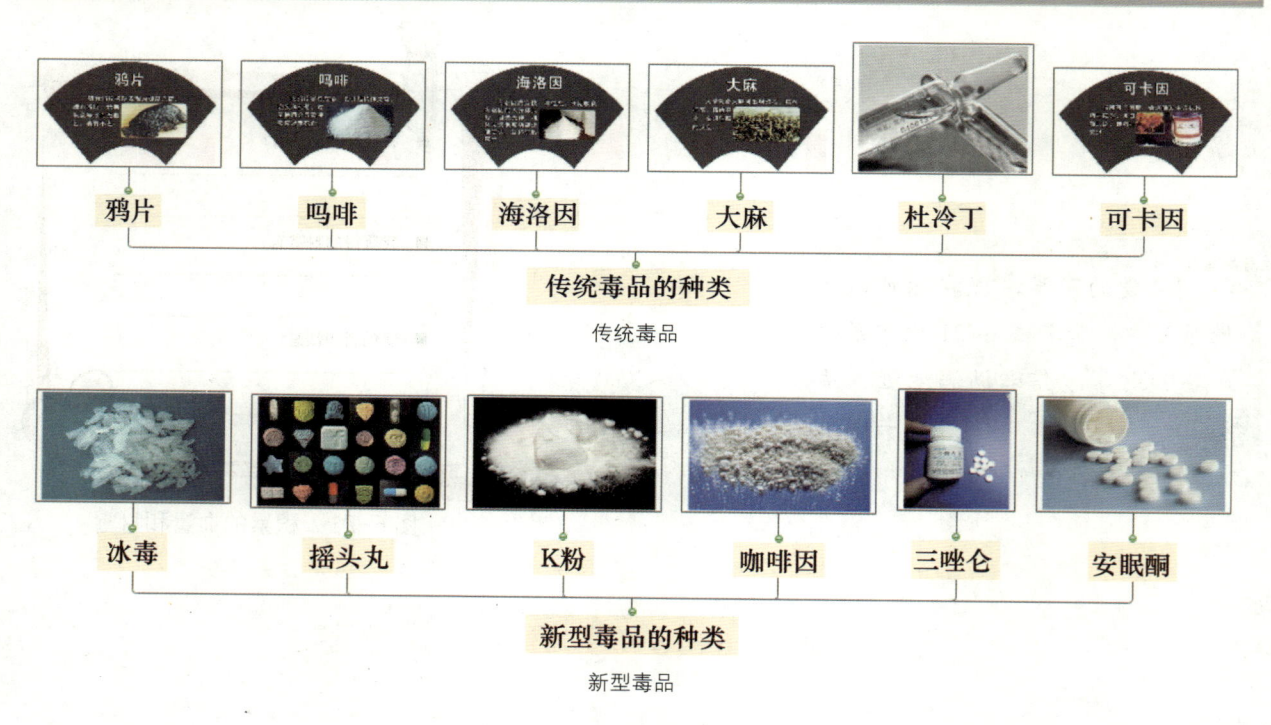

新型毒品

图6-22 毒品的种类

希望以下的故事能帮助你更好地吸收来自"**毒品的类型**"的新鲜血液，积累更多的青春财富。

闯关财富库

故事1： 婕嫌路过一家小店，进去买饮料。老板神神秘秘地给她推荐一款叫作"咔哇潮饮"的网红饮料。婕嫌心里一惊，意识到这就是上课时老师所讲过的新型毒品"神仙水"。她马上借故买了其他饮料，走出店门，拨打了110。

故事2： 秦纯的爸爸有一次和客户在酒店谈生意，对方非常客气地给她泡了一杯奶茶。然而，秦纯的爸爸注意到这条奶茶的包装上没有生产日期、保质期及生产厂家等其他信息，就一口也没喝过，因为他记得秦纯跟他说过，许多新型毒品会包装成食品的形状，尤其是饮料方面，要小心。

补血三：毒品的危害（图6-23）

对个人的危害
- 免疫系统受损，人体器官功能衰退。
- 引发自伤、自残及自杀行为，甚至因过量吸食而死亡。
- 造成身体及精神对毒品依赖，使人丧失理想、自尊和人格。
- 增加艾滋病及其他性传播疾病和血液传播疾病的风险。
- 吸毒违法，贩毒犯罪。

对家庭的危害
- 一人吸毒，全家遭殃；
- 妻离子散，贻害后代；
- 倾家荡产，家破人亡。

对社会的危害
- 助长社会不良风气。
- 违反社会道德和法律，诱发刑事案件。
- 丧失劳动力，对社会经济带来负面影响。

图6-23 毒品的危害

希望以下的故事能帮助你更好地吸收来自"毒品的危害"的新鲜血液，积累更多的青春财富。

闯关财富库

故事1： 秦纯的爷爷曾经是一个成功的商人，但是因交友不慎，染上了毒瘾。后来虽然戒毒成功，但生意再也无法恢复，另外吸毒还导致他债务缠身，从此家道中落。因此，秦纯和爸爸都对毒品深恶痛绝！

故事2： 有一次，婕嫌坐爸爸的车回家，在车载广播电台上，她听到了一首非常好听的歌，就去网上查找相关信息。但查找的结果令她深感惊讶而又倍感叹息：惠特妮·休斯顿，全球女歌手专辑总销量纪录的保持者。婚后毒瘾缠身，为吸毒耗尽资产。最终，尸体在一家旅馆的浴缸中被发现，验尸结果为死于"溺水、心脏病和使用可卡因"。

【闯关攻略6-13-2】毒品的拒绝

闯关补血站

补血一：拒绝的技巧

1. 拒绝要坚决、有力。态度要坚定，语言要有力：比如说"不"时，坚定地说，重复地说。
2. 肢体语言和口语表达要一致，要理直气壮、坚决拒绝。边说不、边摇头、边退后，同时离开。

希望以下的故事能帮助你更好地吸收来自"拒绝毒品技巧"的新鲜血液，积累更多的青春财富。

闯关财富库

故事1： 秦纯的爷爷回忆，当年他虽然意识到这是毒品，嘴巴里也说不吸，但是态度上不够坚决，当时他笑着拒绝，最终拗不过朋友们！后来，他染上了毒瘾，朋友们却开始贩毒给他。他告诉秦纯的爸爸和秦纯，叫你吸毒的都不是朋友，要立刻离开！

故事2： 辰璋在几位同学的催逼下，最终还是喝了几口。但是这几口却使他染上了毒瘾。最终，他进了戒毒所。从戒毒所回来后，其中有一位同学又来找他，这时，他非常坚定地摇头，说："我绝对不会再碰毒品了，你们不要再来找我。"说完，辰璋就立刻离开。之后，辰璋成了当地禁毒协会的志愿者。

补血二：预防吸毒"十不要"

1. 不要借"毒"消愁；
2. 不要因"好奇心"而吸毒；
3. 不要抱侥幸心理而染毒；
4. 不要结识有吸毒、贩毒行为的人；
5. 不要在吸毒场所多停留一秒；
6. 不要听信吸毒是"高级享受"的鬼话；
7. 不要接受有吸毒劣迹的人或陌生人递过来的香烟或饮料；
8. 不要听信病毒能治病的谎言；
9. 不要有炫耀心理，以为有钱人才吸得起毒；
10. 不要盲目效仿吸毒者，更不要崇拜吸毒的"偶像"。

希望以下的故事能帮助你更好地吸收来自"预防吸毒'十不要'"的新鲜血液，积累更多的青春财富。

闯关财富库

故事1：秦纯的爸爸后来打听到上次那个客户，曾有过因吸毒而被强制戒毒的经历。因此，他从不接受那个客户递过来的烟酒，也从不接受对方邀请去娱乐场所。

故事2：辰璋的几位社会上的朋友最终也被强制戒毒了。在戒毒所，当民警问他们为什么会去吸毒时，其中一位回答，因为很多明星也在吸毒，他感觉很酷，想尝试一下。而这么一模仿，却把自己送进了戒毒所。

补血三：远离毒品"四招"（图6-24）

第一招	第二招
树立四个意识：憎恨毒品、远离毒品的意识；吸毒容易成瘾，染毒难以戒断的意识；吸毒违法、贩毒有罪的意识；自我保护和责任意识	构筑拒毒心理防线：正确把握好奇心，抵制不良诱惑；正确对待挫折，健康排解困扰
第三招	第四招
构筑拒毒行为防线：远离烟酒，不去青少年不宜进入的场所，并慎重交友	增强社会责任感：选择健康的生活方式，做有社会责任感的公民

图6-24 远离毒品"四招"

希望以下的故事能帮助你更好地吸收来自"远离毒品'四招'"的新鲜血液，积累更多的青春财富。

闯关财富库

故事1：秦纯一家因爷爷的经历，所以对毒品深恶痛绝。秦纯的爸爸在当地是典型的好男人：烟酒不沾，不赌博，并且身边没有酒肉朋友。他也教育孩子要远离这些恶习，慎重交友，父子俩在每年的国际禁毒日（6月26日）都会去当志愿者宣传毒品的危害。

故事2：辰璋从戒毒所回来后，开始反省自己的吸毒经历。一方面，是自己没有坚决地拒绝；另一方面，也是因自己在失恋中，没有调节好情绪，希望借助毒品来消愁。之后，他吸取了教训，决定今后无论遇到什么困难，都会积极去面对，用健康的方式去排解困扰。

活动2　预防网络成瘾——提防电子"毒品"

闯关任务书

紫贝是一个性格内向的女孩子，平日言语不多，成绩也非常普通。她尝试过融入集体，但是都以失败告终。时间一长，她养成了独来独往的习惯，很少与同学有交集。后来，她上课时开始精神恍惚，有时候甚至趴在桌子上睡觉。班主任史子发现这一现象后，与紫贝的妈妈联系，妈妈道出了实情：紫贝最近沉迷网络游戏，晚上很晚才睡，而一旦不让她玩手机，她就开始闹。紫贝妈妈不知如何是好，她非常担心，紫贝是否得了网瘾症？

"预防网络成瘾——提防电子'毒品'"闯关目标如图6-25所示。

图6-25　"预防网络成瘾——提防电子'毒品'"闯关目标

【闯关活动1】让我们一起来帮助紫贝的妈妈分析一下紫贝的状况吧！

主题六　社交安全的防范

第1步：根据紫贝目前的行为表现，你觉得她是否是已经网络成瘾？请写下你的看法和理由。

_____

第2步：分析完毕后，请你找身边的小伙伴进行探讨：紫贝为什么会沉迷网络？

_____

第3步：请跳转至本书第183页，打开【闯关攻略6-13-3】去补血和积累财富，然后再返回修改完善你的分析结果及理由。

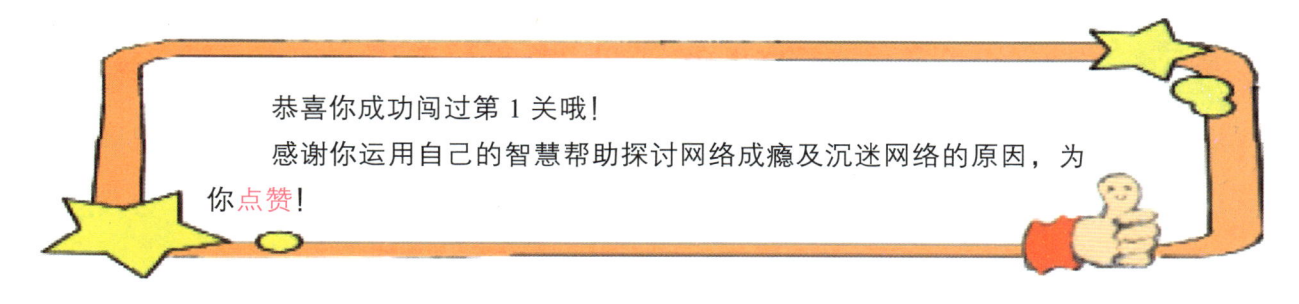

恭喜你成功闯过第1关哦！
感谢你运用自己的智慧帮助探讨网络成瘾及沉迷网络的原因，为你点赞！

【闯关活动2】经过班主任、紫贝的爸妈和紫贝三方谈心后，紫贝决定摆脱手机的捆锁，但是她不知道该从何处入手改变，请你帮助一下紫贝吧！

第1步：你觉得网络游戏为什么能够让人成瘾而无法自拔？请写下你所了解到的因素。

_____

第2步：当我们了解了网络游戏成瘾背后的秘密后，你觉得紫贝可以从哪几个方面入手改变？

_____

第3步：如果想要了解更多关于网络成瘾的知识，请跳转至本书第185页，打开【闯关攻略6-13-4】去补血和积累财富。请在下面横线上写出你补血和积累财富成功后，对网络成瘾有哪些新的想法。

我的青春世界——中职生青春健康教育

You Win

谢谢你的分享，长见识啦！

恭喜你通过自己的智慧和努力连续闯过2关，顺利通过活动2"预防网络成瘾——提防电子'毒品'"，成功进阶。

祝贺你成功获得通关卡！

闯关交流群

亲爱的同学，当你"预防网络成瘾——提防电子'毒品'"闯关成功后，相信你一定有许多宝贵的想法，想要和你的小伙伴们分享吧。现在邀请你进入"闯关交流群"，尽情地分享吧！

置顶留言

1. 对于大部分被认为是网络成瘾的人来说，他们可能还未真正进入网络成瘾的阶段，但是存在网络过度使用的情况，或者说已经沉溺其中。

2. 在现实生活中有正常的社交，在学业或者工作中有成功的喜悦，在家庭中有通畅的沟通，并拥有一项使自己能够沉浸其中的提升自我的兴趣、爱好，是我们远离网络沉溺的法宝。

3. 勇敢地面对自己的不足，诙谐地处理别人的嘲讽，努力提升自己的能力，是我们走出虚拟、进入现实的助推器。

亲爱的同学，现在你可以凭借通关卡，带着图6-26中积累的血量和财富，信心满满地进入任务十四"预防校园欺凌"继续闯关吧！

■ 我补充的血量有：

■ 我获得的财富有：

■ 我的新想法是：

图6-26 积累的血量和财富

【闯关攻略6-13-3】网络成瘾

闯关补血站

补血一：网络成瘾症（Internet Addiction Disorder，IAD）

● 根据世界卫生组织的定义（WHO），网络成瘾症是指由于过度使用网络而导致的一种慢性或周期性的着迷状态，并产生难以抗拒的再度使用的欲望。同时会产生想要增加使用时间、耐受性提高、出现戒断反应等现象，对于上网所带来的快感会一直存在心理与生理上的依赖。

● 网络成瘾症需要专业机构进行专业评估诊断，目前国内常用诊断量表为APIUS。

补血二：网络成瘾的症状

网络成瘾的症状有许多，对于中小学生，主要表现为：成绩下降、对社交环境不感兴趣、线下休闲兴趣减少和长期睡眠不足、精神疲乏等现象。若网络使用被阻止，则表现出暴躁、攻击性、神经质甚至做出极端的举动。

有些人希望努力减少或控制网络的使用，但没有成功。有些人尽管知道这将带来其学业、生活、社交上的问题，但仍旧继续过度使用网络。

希望以下的故事能帮助你更好地吸收来自"了解网络成瘾"的新鲜血液，积累更多的青春财富。

闯关财富库

故事： 秦纯的表哥在和老师发生冲突后，便一蹶不振，开始拒绝去上课，后来拿着手机夜以继日地玩，生物钟完全颠倒，已经连续三个月。连秦纯去劝他时，都对秦纯大发雷霆。家人尝试过断网，但是秦纯的表哥总是能够破解Wi-Fi密码。他说，其实他也想戒网，但是每次不玩一天，当再次玩手机时，就会加倍玩回来。家人没办法，最后把秦纯的表哥送到医院，最后鉴定为网络成瘾症，开始了住院治疗。

补血三：预防网络成瘾的建议（图 6-27）

使用频率
·每周不超过3～4次，每次不超过1小时。

使用方式
·由一位懂得电脑（手机）基本知识的成年人陪同。

使用范围
·适宜的软件、多媒体学习材料、学习网站、办公软件、学校信息及与学习相关的资料查询、电子邮件处理等。

图 6-27 预防网络成瘾的建议

补血四：容易网络成瘾的人群特征

经研究发现：

- 那些学习上不成功，低自尊，低自我效能，被训斥比较多或缺少朋友的孩子很容易沉迷于网络世界。
- 生活中比较成功的孩子则相对不容易沉溺网络。

希望以下的故事能帮助你更好地吸收来自"预防网络成瘾"的新鲜血液，积累更多的青春财富。

闯天财富库

故事1：秦纯在那疯狂的一周网游中，虽然导致腰酸背痛，眼睛劳损，但是他并没有因此陷入网瘾，因为他在现实生活中所获取的成就，包括许多良师益友，成绩优异等，使得他不需要通过网络去弥补，因此不容易陷入网瘾。

故事2：婕嫌在课后了解了班级同学的网络使用情况，发现许多人都超过了中小学生网络使用预防成瘾的建议标准，因此她在班级发起了"走出虚拟、进入现实"的活动。在活动中，她和几个同学，利用周末的时间，约了一些平时不怎么说话的同学去爬山、搞野炊、徒步旅行等。一学期后，班级里同学们的氛围开始变得好转，同学们开始更少地谈论游戏，更多地谈论社会活动，他们甚至开始做起了公益活动，受到了学校和当地社区的一致赞扬。

【闯关攻略 6-13-4】网络游戏成瘾

闯关补血站

补血一：网络游戏成瘾的诱导因素（图 6-28）

1. 成就
- 每一个都需要有成功的喜悦，而游戏在设计上则通过不断的升级、通关来使玩家一直获取成就感，这种体验满足了玩家自我效能感的需要

2. 社交
- 人是社会性的，因此需要有正常人际交往。而能够使人陷入网瘾的游戏在设计人的往往是团队，团队中包含若干成员，而成员间可以相互交流。网络中的虚拟交流则满足了人们交流的需要

3. 沉浸
- 当一个人专注于某件事时，他对时间的主观感受会发生变化。对于自己喜欢的事情，感觉时光飞逝；对于自己厌恶的事情，则感觉度日如年。这处现象叫作心流现象（mental flow）。一个致瘾性强的游戏，都会使人沉浸其中，使得心流现象出现了，以至于玩家感觉时间过得飞快

图 6-28 网络游戏成瘾的诱导因素

希望以下的故事能帮助你更好地吸收来自"网络游戏成瘾的诱导因素"的新鲜血液，积累更多的青春财富。

闯关财富库

故事1：紫贝因为觉得自己太胖，因此她在游戏中选择了一个非常苗条的女性角色，她希望通过这种方式对自身的身份进行弥补。同时，她在不停地升级后，感到了自己是有价值的，并且因为她是团队的首领，而备受队员尊崇，这和她在现实生活中的遭遇形成了鲜明对比。因此，她更愿意活在虚拟世界中，而非现实生活中。

故事2：辰璋的爸爸最近一直抱怨，辰璋一碰手机就脱不开手，至少玩两个小时，而辰璋却说，他实际只玩了半小时。后来，班主任给辰璋爸爸出了个主意，在辰璋玩手机的那一刻拍下视频，记录好时间（视频里有时间）。在辰璋结束玩手机时，再拍下视频，记录好时间。经过三天的记录，最后发现，辰璋实际每次玩手机的平均时间为两小时。当把证据给辰璋看时，他自己也非常惊讶，为什么这个时间过得比实际要快？当辰璋明白了这就是心流现象时，他深感自己浪费了好多时间，决定放下手机，好好学习。

补血二：预防网络成瘾的有效方法（图6-29）

通过分析游戏致瘾三要素以及网瘾负面靶向性特征，我们已找到了网络游戏成瘾的根源。下面我们根据这些根源，来对网络成瘾进行逐一破解。

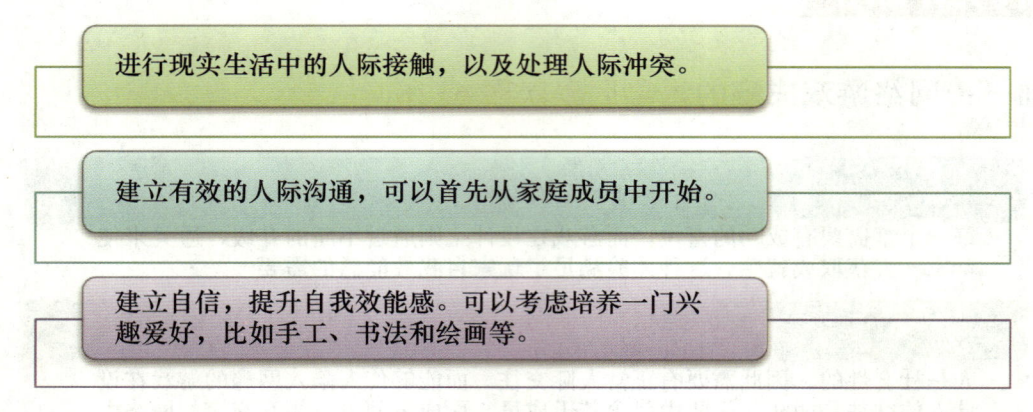

- 进行现实生活中的人际接触，以及处理人际冲突。
- 建立有效的人际沟通，可以首先从家庭成员中开始。
- 建立自信，提升自我效能感。可以考虑培养一门兴趣爱好，比如手工、书法和绘画等。

图6-29 预防网络成瘾的有效方法

针对心流现象，可以通过重新安排学习时间来打破目前的上网习惯，以及通过"外部刹车技术"（比如设定闹钟）来使自己重新回到现实中。

希望以下的故事能帮助你更好地吸收来自"预防网络游戏成瘾的有效方法"的新鲜血液，积累更多的青春财富。

闯天财富库

故事1：在婕嫘的帮助下，紫贝开始锻炼身体，并且参加了学校的合唱队。在地区元旦文艺演出中，紫贝所在学校获得了市合唱一等奖。当奖状递到紫贝手里时，她流下了激动的眼泪，她终于明白：原来她在现实中也是可以获得成就的。她也叹息，如果当初把浪费在网络中的时间花在有益的事情上，或许她已经获得了很多的成绩。从这一刻开始，她决定完全放下手机，努力地学习。

故事2：辰璋因为无法彻底摆脱手机而非常苦恼，他向心理老师求助。在和心理老师交流后，辰璋发现，当自己和别人发生冲突时，往往不知如何与对方交流，更不知如何去应对。这时，他会进入网络中，以此逃避，时间一长，就逐渐过度使用网络。心理老师鼓励他更多去直面冲突，运用所学过的沟通技能去倾听、表达。在经过一段时间的学习与努力后，辰璋发现他逐渐更少地依赖虚拟沟通。他在面对冲突时，也更加敢于通过沟通去处理问题了。

主题六 社交安全的防范

任务十四 预防校园欺凌

本任务设置了 2 个闯关活动，欢迎你来闯关！预祝你闯关成功哦！

活动 1 了解校园欺凌

闯关任务书

紫贝最近精神紧张，常常发呆一个人在哭，在班主任史子老师的关心引导下，紫贝才说出，因自己衣着朴素、生活节俭以及独来独往的习惯，经常被同学取笑、讥讽。有同学还故意在网络上丑化她的外表并在同学、朋友圈进行传播，她的书包等个人物品经常被巴霖丢来丢去地玩。由于生气说了几句，她还被巴霖打了一巴掌，并被讽刺说："看你土不拉叽的样子，一脸穷酸相，逗你玩，算是给你面子了"。

"了解校园欺凌"闯关目标如图 6-30 所示。

了解校园欺凌的法律责任
了解校园欺凌

图 6-30 "了解校园欺凌"闯关目标

【闯关活动 1】请你帮忙分析一下紫贝的遭遇吧！

第 1 步：紫贝遭遇了哪些欺凌行为？请写在下面的横线上。

第 2 步：请和身边的伙伴探讨一下，这些欺凌行为会给紫贝带来哪些伤害？

第 3 步：想要更多地了解什么是校园欺凌，请跳转至本书第 189 页，打开【闯关攻略 6-14-1】去补血和积累财富，然后再返回修改完善你的分析结果。

187

恭喜你成功闯过第 1 关哦！

感谢你运用自己的智慧帮助紫贝和巴霖科普校园欺凌的知识，为你点赞！

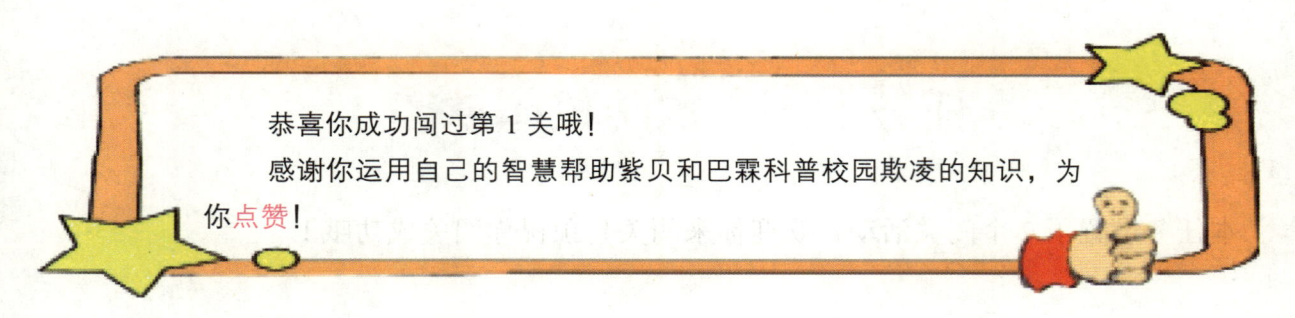

【闯关活动 2】 请你向巴霖和同学们科普一下，实施欺凌行为将会承担的责任吧！

第 1 步：请和身边的伙伴探讨一下，根据学校的规章制度，巴霖等同学会受到学校什么样的纪律处分？

_____

第 2 步：请和身边的伙伴探讨一下，紫贝受到欺凌后，她的身心受到严重伤害，你认为巴霖等同学可能会被追究哪些法律责任？

_____

第 3 步：想要了解更多校园欺凌的法律责任，请跳转至本书第 194 页，打开【闯关攻略 6-14-1】去补血和积累财富，然后再返回修改完善你的想法和做法。

恭喜你成功闯过第 2 关哦！

感谢你运用自己的智慧和勇敢顺利通过活动 1 "了解校园欺凌"，成功进阶。祝贺你成功获得通关卡！

闯关交流群

亲爱的同学，当你"了解校园欺凌"闯关成功后，相信你一定会有所收获，想要和你的小伙伴们分享吧。现在邀请你进入"闯关交流群"，尽情地分享吧！

置顶留言

1. 人与人之间有差异是正常的，包容及尊重别人的差异，并以关爱之心待人。
2. 谨言慎行，切勿冲动，否则将会为自己不负责任的言行付出代价。
3. 欺凌不仅是违反校纪校规的行为，而且可能是十分严重的违法行为，不要以为欺负同学不会受到惩罚。

亲爱的同学，现在你可以凭借通关卡，带着图6-31中积累的血量和财富，信心满满地进入活动2"直面校园欺凌"继续闯关吧！

- 我补充的血量有：
- 我获得的财富有：
- 我的新想法是：

图 6-31　积累的血量和财富

【闯关攻略 6-14-1】校园欺凌

闯关补血站

补血一：校园欺凌的定义

2017年11月22日，教育部等十一部门印发《加强中小学生欺凌综合治理方案》，针对目前实际工作中学生欺凌缺乏明确定义的问题，《治理方案》首次明确，中小学生欺凌是发生在校园（包括中小学校和中等职业学校）内外、学生之间，一方（个体或群体）单次或多次蓄意或恶意通过肢体、语言及网络等手段实施欺负、侮辱，造成另一方（个体或群体）身体伤害、财产损失或精神损害等的事件。

补充二：校园的欺凌表现形式（图6-32）

肢体欺凌　语言欺凌　网络欺凌　社交欺凌

图6-32　校园的欺凌表现形式

补充三：校园欺凌的主要行为（图6-33）

打架、斗殴——打
辱骂、中伤、讥讽、贬抑受害者——骂
损坏受害者书本衣物等个人财产——毁
网上传播谣言、人身攻击——传
恐吓、威胁、逼迫受害者做其不愿意做的事——吓

校园欺凌的主要行为

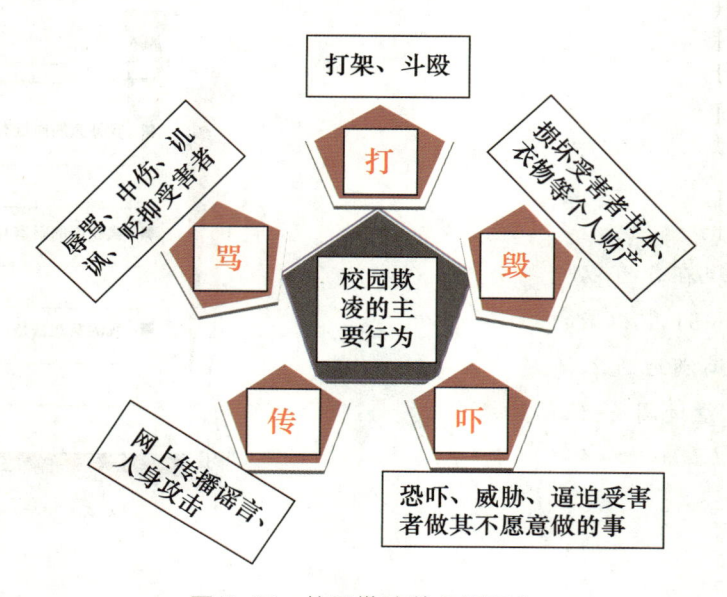

图6-33　校园欺凌的主要行为

补充四：欺凌行为对受凌者的伤害（图6-34）

1. 精神伤害
   · 为受到欺凌而感到羞耻（羞耻感）、害怕把事情告诉他人会受到报复（恐惧感）、认为没人会帮助自己或觉得别人不敢帮助（无助感）、忍受和自我安慰（无奈感）、产生伺机报复的想法（报复心理）
2. 身体伤害
3. 财产损失

图6-34　欺凌行为对受凌者的伤害

闯关财富库

故事：班主任告诉紫贝，她同时遭受了言语、网络、肢体等方式的欺凌，给她造成了严重的精神伤害，她可以选择反抗。紫贝听后，决定坚强地去面对，而不是选择沉默。

补血五：校园欺凌者的责任（表6-3）

校园欺凌行为严重危害学生的身心健康，扰乱了学校正常的教学安全管理秩序，给家庭和社会造成恶劣的影响，对此，我国的刑法、民法、治安处罚法等法律对校园欺凌的处罚作了相应的规定：

表6-3 校园欺凌者的责任

法律责任	含义	责任和处罚类型
民事责任	是指民事主体在民事活动中，因实施了民事违法行为，根据民法所承担的对其不利的民事法律后果或者基于法律特别规定而应承担的民事法律责任	停止侵害、赔偿损失、消除影响、恢复名誉、赔礼道歉等
行政责任	是指犯有一般违法行为的单位或个人，依照社律法规的规定应承担的法律责任	警告、罚款、行政拘留等
刑事责任	是指犯罪人因实施犯罪行为应当承担的法律责任，按刑事法律的规定追究其法律责任	管制、拘役、有期徒刑、无期徒刑和死刑。罚金、剥夺政治权利、没收财产

闯关财富库

故事：婕嫌返校途中遇到5名女生殴打2名女生，马上报警。后民警调查显示，这5名女生都是在校的学生，殴打手段恶劣，导致被欺凌的两位女生精神恍惚。施暴女生还用手机拍摄了羞辱、扇耳光视频，在微信群内小范围进行传播。最后法院对这起校园欺凌案件进行宣判，5名犯罪时已满16周岁未满18周岁的女生被判有期徒刑（刑事责任），同时判决因对他人造成人身伤害给予赔偿医药费和精神损失费等（民事责任）。

活动2 直面校园欺凌

闯关任务书

巴霖等同学的行为给紫贝带来了极大的伤害，也严重地影响了班级的风气，班主任史子老师决定开展"直面校园欺凌"的主题班会，同学们展开了激烈的讨论，并纷纷发表自己的见解。

"直面校园欺凌"闯关目标如图6-35所示。

直面欺凌敢于担当
调适自我应对欺凌

图6-35 "直面校园欺凌"闯关目标

【闯关活动1】请大家一起帮助紫贝勇敢面对欺凌吧！

第1步：当紫贝遭遇到校园欺凌时，她可以做些什么？

_____

_____

第2步：请和身边的伙伴探讨一下：紫贝受欺凌的可能原因有哪些？她可以怎么做，以使她今后免于校园欺凌？

_____

_____

第3步：如果想要了解更多有关预防校园欺凌的相关知识，请跳转至本书第202页，打开【闯关攻略6-14-2】去补血和积累财富，然后再返回修改完善你的想法和做法。

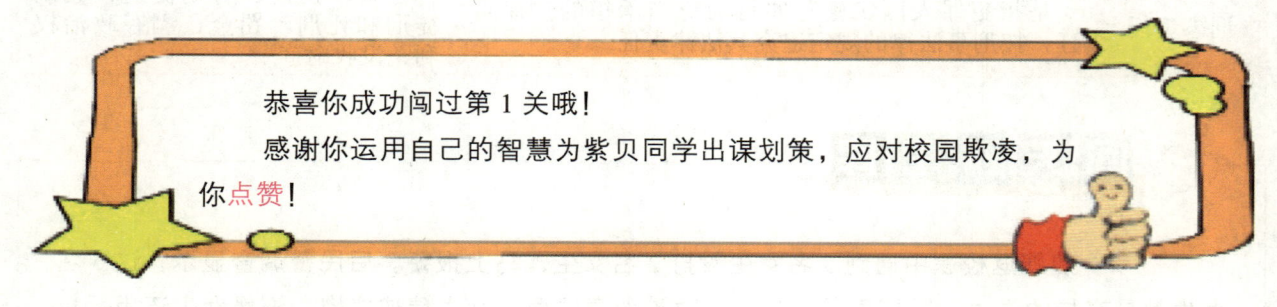

恭喜你成功闯过第1关哦！
感谢你运用自己的智慧为紫贝同学出谋划策，应对校园欺凌，为你点赞！

【闯关活动2】让我们共同为紫贝构建支持体系，帮助她免于再次被欺凌吧！

第1步：紫贝被欺凌时，你认为作为现场目击者，他们可以做些什么？

_____

_____

第2步：紫贝被欺凌的事情逐渐在同学们中间传开，对于事后知情者，他们可以做什么？

_____

_____

第3步：想要了解更多直面校园欺凌的做法，请跳转至本书第194页，打开【闯关攻略6-14-2】去补血和积累财富，然后再返回修改完善你的想法和做法。

主题六 社交安全的防范

恭喜你成功闯过第2关哦！
感谢你运用自己的智慧和勇敢顺利通过活动2"直面校园欺凌"，成功进阶。
祝贺你成功获得通关卡！

闯关交流群

亲爱的同学，当你"直面校园欺凌"闯关成功后，相信你一定会有所收获，想要和你的小伙伴们分享吧。现在邀请你进入"闯关交流群"，尽情地分享吧！

置顶留言

1. 调适自我，建立自信，提升社交技巧，可以让你成为受欢迎的人。
2. 遇到校园欺凌及时向家长、老师反馈，主张自己的权利是智慧和勇敢的体现。
3. 遇到同学被欺凌，勇敢地站出来，制止欺凌行为，是担当与正义的表现。

亲爱的同学，恭喜你完成主题六闯关活动，获得"安全"奖章！现在请你至少找3位伙伴用笔给自己颁发"安全"奖章。

恭喜你完成了"我的青春世界"所有闯关任务，为你点赞！现在请你带着图6-36中积累的血量和财富回到奖章墙，每一个奖章都见证你的智慧、努力、付出和成长。请你给自己写一些感谢语和欣赏语吧（图6-37）！

祝福你在"生活的世界"里遇见更好的自己！

■ 我补充的血量有：

■ 我获得的财富有：

■ 我的新想法是：

图6-36 积累的血量和财富

193

图 6-37　感谢卡和欣赏卡

【闯关攻略 6-14-2】直面校园欺凌

闯关补血站

补血一：易被欺凌者特征（图 6-38）

1. 外貌被认为与同龄人有显著不同者
2. 胆小懦弱，自卑内向，缺乏自信
3. 独来独往，不受欢迎，缺乏朋友
4. 不善言谈，交流不畅，缺乏沟通

图 6-38　易被欺凌者特征

补血二：遭遇欺凌时的举措（图 6-39）

1. 生命安全永远放在第一位，伺机设法逃离现场
2. 事中可视情况引起他人注意或呼救
3. 在不增加自身安全风险的情况下，给予适当反击
4. 事后寻求帮助或保护：报警、找老师、家长等

图 6-39　遭遇欺凌时的举措

补血三：旁观者和知情者的举措（6-40）

1. 不加入欺凌或者旁观取笑
2. 在不危及自我人身安全情况下，可挺身相救，制止欺凌
3. 救助家长、老师或其他成人
4. 打电话、发信息寻求帮助
5. 积极举报，劝告欺凌者
6. 敢于作证，安慰受凌者

图 6-40　旁观者和知情者的举措

补血四：欺凌者的自我反省（6-41）

1. 欺凌不是解决问题的唯一方法，和家长、老师沟通交流寻求解决问题的方法

2. 欺凌他人会使朋友越来越少，成为他人眼中的不良少年，贬损自我形象，误入歧途，受到校纪校规处分，甚至要承担法律责任

图 6-41　欺凌者的自我反省

希望以下的案例能帮助你更好地吸收来自"直面校园欺凌"的新鲜血液，积累更多的青春财富。

问天财富库

故事1：在班主任的鼓励下，紫贝回家后把近段时间被欺凌的事告诉了父母，班主任也同时叫来巴霖的父母。经过沟通，巴霖和父母向紫贝郑重道歉。之后，紫贝也逐渐摆脱了精神上的压力。

故事2：班主任意识到紫贝自身的性格及自卑心理，是其被欺凌的原因之一，因此她鼓励紫贝找心理老师聊天。在与心理老师聊了几次后，紫贝决定努力学会与同学沟通交流。后来，她积极参加班级活动，和同学慢慢建立了良好的人际关系，而同学也不再拿她开玩笑。改变后的紫贝，逐步走出自卑，建立了自信。

故事3：一个周日的上午，秦纯去母校（小学）走走，突然看到两个男生在欺凌另外一个男生。他看出这几个都是小学生，于是马上飞奔过去，大声制止欺凌行为。那两位男生见秦纯比他们高大许多，说了一句"下次走着瞧"后马上离开了。秦纯马上前去安慰被欺凌的男生，陪伴他回到家里，并告诉男生的妈妈刚才发生的事情。

参考文献

[1] 中国计划生育协会．成长之道［M］．北京：中国人口出版社，2012．

[2] 苗世荣，洪苹．沟通之道［M］．北京：人民卫生出版社，2019．

[3] 胡萍．成长与性［M］．北京：科学出版社，2016．

[4] 刘文利．珍爱生命：小学生性健康教育读本（一年级至六年级）［M］．北京：北京师范大学出版社，2014．

[5] 伯金坎．和孩子谈谈性［M］．北京：中国人口出版社，2013．

[6] 美国精神医学学会．精神障碍诊断与统计手册（案头参考书）［M］．5版．北京：北京大学出版社，2016

[7] ［美］W．马斯特斯，［美］V．约翰逊．人类性反应［M］．马晓年，贾梦春，王介东，等译．北京：知识出版社，1989．

[8] 谢幸，孔北华，段涛．妇产科学［M］．北京：人民卫生出版社，2018．

[9] 俞国良．大学生心理健康［M］．北京：北京师范大学出版社，2018．

[10] 李丽华．青春期心理健康教育［M］．北京：人民卫生出版社，2012．

[11] 连山．别让不懂拒绝害了你［M］．长春：吉林出版集团股份有限公司，2019．

[12] 徐晓红．少年心事：青春期健康教育读本［M］．宁波：宁波出版社，2015．

[13] W.Byne，B.Parsons.Human Sexual Orientation：The Biologic Theories Reappraised［J］．Archives of General Psychiatry，1993，50（3）：228-239．

[14] Peters，Cantrell.Factors Distinguishing Samples of Lesbian and Homosexual Women［J］．Journal of Homosexuality，1991，21（4）：1-15．